Stephanie Vortisch

KEINE ANGST VOR DEM THEATER

Werkstattbuch mit 100 Spielideen und mehr

Für alle Theaterkinder:
Felix Florian Hanna Jana Jantje Jule Katrin Lisa Moritz Nina Robin
Alexander David Julia Lucia Maresi Moritz Ricarda Therese
Celia Edda Elsa Eva Fabian Hannah Johanna Joss Julia Katharina Kathi Lea Liesi Lisa
Lucian Max Meike Nadine Philipp Selina
Greta Lena Lola Medi Nadine
Anna Benjamin Jana Janina Judika Lars Lotte Maren Maria Nils Nina Sebastian Sophie-Bo Tini
Anna Denise Judith Lena Luciana Margarita Tim
Anja Josefine Linda Lisa Marie Marion Marlene Sabine Vanessa
Anna Carla Elena Elsa Hanni Henriette Ilia Josephine Josi Julian Juliane Katharina Laura
Maik Raoul Sophie Steffen Stella Zaha
Alex Alica Dennis Laura Lisa Nico Nora Paula Sandra Stephan
Marcel Richard Sarah Sven

Theater-Rap

Ihr wollt wissen, wie es geht,
wie ein Theaterstück entsteht.
Wir fangen einfach an
und gehen feste ran.

Das Spiel beginnt, wir sind gut drauf.
Das Spiel beginnt, wir sind gut drauf.

Wir erfinden etwas hier.
Dort improvisieren wir.
Jeder denkt sich eine Rolle aus.
Wir spielen Clown, Riese und auch eine Maus.

Das Spiel beginnt, wir sind gut drauf.
Das Spiel beginnt, wir sind gut drauf.

Theater soll lustig, spannend, traurig sein,
und manchmal fällt uns ganz viel ein.

Das Spiel beginnt, wir sind gut drauf.
Das Spiel beginnt, wir sind gut drauf.

Natürlich spielen wir hier alle gern,
doch die Aufführung, die liegt oft fern.
Heute führen wir endlich auf.

Das Spiel beginnt, wir sind gut drauf.
Das Spiel beginnt, wir sind gut drauf.

Hundert Welten entdeckt das Kind

Stephanie Vortisch

KEINE ANGST VOR DEM THEATER

Werkstattbuch mit 100 Spielideen und mehr

Luchterhand

Die Deutsche Bibliothek-CIP-Einheitsaufnahme

Vortisch, Stephanie:
Keine Angst vor dem Theater : Werkstattbuch mit 100 Spielideen und mehr /
Stephanie Vortisch. - Neuwied ; Berlin : Luchterhand, 2000
(Hundert Welten entdeckt das Kind)
ISBN 3-472-03373-8

Herausgegeben von der Redaktion klein & groß
Alle Rechte vorbehalten
© 2000 by Hermann Luchterhand Verlag GmbH, Neuwied, Kriftel und Berlin

Das Werk einschließlich seiner Teile ist urheberrechtlich geschützt.
Jede Verwertung außerhalb der engen Grenzen des Urhebergesetzes ist ohne Zustimmung des Verlages
unzulässig und strafbar. Das gilt insbesondere für Vervielfältigungen, Übersetzungen, Mikroverfilmungen
und die Einspeicherung und Verarbeitung in elektronischen Systemen.
Redaktion: Waltraud Prager
Gestaltung und Satz: Jens Klennert, Tania Miguez
Druck und Bindung: H. Heenemann GmbH & Co, Berlin
Printed in Germany, Februar 2000

Inhalt

Vorwort	6
Theaterpädagogik	8
Bausteine	14
Erstes Kapitel: Identität	17
Spielideen zum Thema »Identität«	20
Werkstatteinblick	25
Projekt »Mädchen und Jungen« – eine Werkschau	27
Aus der Papiertheaterwerkstatt Projekt »Welche Maske paßt zu mir?«	29
Zeitungstheater	30
Klopapierrollentheater	31
Die Clownwerkstatt – das Clownspiel	33
Zweites Kapitel: Freundschaft	36
Spielideen zum Thema »Freundschaft«	36
Materialsuche zum Thema »Freundschaft«	45
Werkstatteinblick: Projekt »Freundschaft« – eine Werkschau	46
Drittes Kapitel: Wünsche	48
Spielideen zum Thema »Wünsche«	48
Viertes Kapitel: Gefühle	53
Spielideen zum Thema »Gefühle«	53
Werkstatteinblick 1: Projekt »Gefühle: Angst – Mut – Freude – Trauer« – eine Werkschau	57
Werkstatteinblick 2: Projekt »Monster und Gefühle« – eine Werkschau	60
Fünftes Kapitel: Familie	63
Spielideen zum Thema »Familie«	63
Werkstatteinblick 1: Projekt »Familie« – eine Werkschau	69
Werkstatteinblick 2: Projekt »Tiere« – eine Werkschau	70
Sechstes Kapitel: Konflikte – Streit	71
Spielideen zum Thema »Konflikte - Streit«	71
Werkstatteinblick: Projekt »Streitwerkstatt«	76
Siebentes Kapitel: Abenteuer – Fantasie – Märchen	80
Spielideen zum Thema »Abenteuer – Fantasie – Märchen«	80
Literatur	96

Vorwort

Phantasie ist der Muskel der Seele.
V. NABOKOV

»Keine Angst vor dem Theater« soll Ihnen Lust und Mut machen, mit Kindern und Jugendlichen Theater zu spielen. Ich wünsche mir, Sie würden das Buch aufschlagen, lesen und es dann einfach ausprobieren. Und falls Sie überhaupt Angst, Zweifel oder Kompetenzschwierigkeiten haben, diese beim Lesen verlieren und mit Zutrauen und theatralem Handwerkszeug zur Sache gehen. Die Spielideen sollten Ihnen klar und einleuchtend sein, dem Theaterspiel etwas Selbstverständliches geben, so daß die Kinder mit Ihnen viel Spaß, Begeisterung und spannende kreative Ergebnisse haben. In diesem Buch spreche ich die Leserin und den Leser mit *Erzieherin* an und die Mädchen und Jungen bezeichne ich einheitlich als *Spieler*. Natürlich wendet sich das Buch auch an Lehrerinnen und Lehrer, Pädagogen, Spielleiter und Theaterpädagogen.

Über Theaterspielen mit Kindern, was es eigentlich ist, was es für mich ausmacht und bedeutet, was dabei alles entsteht, was herüberkommt, was es beim einzelnen und in der Gruppe bewirkt, entwerfe ich meine Position im ersten Kapitel. Und damit meine Worte nicht so fern und theoretisch sind, habe ich auch Beiträge meiner Theaterkinder eingebaut und den Prozeß mit Übungen und Spielen belegt.

Wenn ich mich heute für meine Theaterkurse oder einen Besuch bei den Kindern vorbereite, gehe ich immer von einem **Thema** aus. Also: Zu welchem Thema wollen die Kinder etwas spielen? Haben sie überhaupt schon ein Thema? Oder was ist ihr Thema? Gibt es ein gemeinsames Thema? Was haben sie gelesen? Welche Geschichten sind in ihren Köpfen? Was haben sie alles im Fernsehen gesehen und muß unbedingt heraus? Was wurde im Unterricht besprochen?

Über das Thema finde ich einen Zugang zur Gruppe, und die Kinder finden einen Zugang zum Theater und mir. Falls ich nicht Bescheid weiß über ihre gegenwärtigen Interessen, Vorlieben, Wünsche, Fantasien und Ängste, versuche ich, sie und ihre Themen kennenzulernen. Gemeinsam mit den Kindern mache ich mich auf den Weg, begleitet von theatralen Techniken. Das ist der Beginn der Theaterarbeit, es ist eine spannende und anstrengende Arbeit. Über dieses Herausfinden, Suchen und Forschen am Thema habe ich geschrieben, und ich meine die Arbeitsweisen zur Themenfindung und zum Anfang des theatralen Prozesses finden Sie bei den Themengebieten **Identität**, **Wünsche** und **Gefühle**.

Heute – nach zwanzig Jahren Praxis – kann ich sagen, daß sich die Themen wiederholen. Ich denke, daß sich das Kindsein in den letzten zwanzig Jahren verändert hat, und ich bemerke auch ein verändertes Arbeiten in meinen Gruppen; aber die Themen sind geblieben. Aus diesem Grund habe ich mich für die folgenden immer wieder kehrenden Inhalte entschieden: **Identität**, **Freundschaft**, **Wünsche**, **Familie**, **Streit**, **Gefühle** und **Abenteuer**. Das sind alles für sich gesehen elementare, spannende Themen, aber

sie aufzuteilen und im einzelnen theatral zu bearbeiten, mutet doch auch befremdend an. Deshalb sind diese Themen wohl mehr als Schwerpunkte oder als Ausgangsbasis zu sehen, und es existieren jede Menge Querverbindungen.

Jedes Thema hat seinen theatralen Weg. Über **Bewegungs-**, **Ausdrucks-**, **Interaktions-** und **Konzentrationsspiele** erreichen Sie den Einstieg ins Thema und in das Theaterspiel. Ich habe versucht, mich dabei nicht allzu sehr zu wiederholen, aber manchmal ist es unvermeidbar. Nach dem Einstieg und nun etwas erwärmt, folgt die inhaltliche Auseinandersetzung in Form der szenischen Arbeit. Es ist ganz klar, der Weg ist das Ziel, aber trotzdem bin ich der Meinung, daß am Ende des Weges eine Präsentation stattfinden soll.

Dafür habe ich den Begriff **Werkstatteinblick** gewählt. Ich möchte Ihnen einen freudigen und leichten Ansatz für das Aufführen von Ergebnissen vermitteln. Es ist nicht die große Aufführung nach einem Jahr Probenzeit, die ich hier beschreibe, sondern es sind die kleinen Resultate Ihrer Werkstattarbeit. Ich denke, jede Übung und jedes Spiel, jede Szene, jede Technik kann man auf die Bühne holen und zeigen. Wichtig sind dabei die Intensität und Wahrhaftigkeit Ihrer Darsteller, ebenso die nahtlosen Übergänge, das Tempo und die Spielfreude. Wenn Sie das in einer Aufführung von zehn oder zwanzig Minuten zeigen, ist das verdammt viel und manchmal schon verdammt gut. Nehmen Sie das, was Ihre Kinder und Sie produzieren, ernst, denn das ist die Basis zum Arbeiten. Die Werkstatteinblicke basieren auf der Arbeitsmethode einer **Montage**: Stück für Stück wird aneinander montiert. Der rote Faden ist das Thema, das Requisit, die Maske oder... Es sind keine in sich geschlossenen Stücke mit einer Geschichte und ausgearbeiteten Rollen. Ich biete Ihnen keine fertigen Theaterstücke, denn Sie werden Lust auf Ihr eigenes Stück bekommen.

Die Werkstatteinblicke können den ersten Schritt zum eigenen Stück bedeuten. Auch hierzu möchte ich Sie ermutigen. Ich kenne Ihre Kinder nicht, noch ihren Raum, auch nicht Ihre weiteren Bedingungen und schon gar nicht die Wünsche und Träume Ihrer Darsteller. Aber ich hoffe, daß trotz all dieser Unbekannten eine Zusammenarbeit zwischen Ihnen und mir gelingt.

Theaterpädagogik

*Ein Kind
hat hundert Möglichkeiten.
Ein Kind hat hundert Sprachen,
hundert Hände,
hundert Gedanken.
Es besitzt
hundert Weisen zu denken,
hundert Weisen zu spielen,
hundert Weisen zu sprechen.
Ein Kind hat hundert Sprachen,
aber neunundneunzig
werden ihm geraubt...*

Loris MALAGUZZI

Beim Theaterspielen brauchen wir diese hundert Möglichkeiten des Kindes. Es geht darum, diese hundert Möglichkeiten zu erkennen, zu achten, zu wecken, zu fördern und zu erhalten. Diese Möglichkeiten sind unsere Basis für eine gemeinsame kreative Arbeit. Das ist ein Ziel, ein Ideal, das wir natürlich nicht immer erreichen, aber manchmal eben doch.

Den folgenden Thesen über das Theaterspielen mit Kindern habe ich die Antworten meiner Theaterkinder vorangestellt. Es sind ungewöhnliche und überraschende Dokumente, die Ergebnisse einer Befragung. Die sehr sorgfältigen und ehrlichen Antworten dieser Theaterkinder werden Sie erstaunen. Diese Kinder haben zum größten Teil mit fünf oder sechs Jahren mit dem Theaterspielen begonnen und mittlerweile eine langjährige Theaterpraxis.

Schon oft habe ich mich gefragt, ob Theaterspielen mit Kindern Kunst ist. Es müßte ja eigentlich Kunst sein, denn es ist Theater, und Theater ist eine Form von Kunst. Aber was ist Theater? Auf meine Frage: »Was ist Kunst für dich?«, antwortet Julia, 11 Jahre: *»Kunst. ja, was ist Kunst? Ich denke, Kunst ist eine Art von Gestaltung und Erfindung. Beim Theaterspielen macht man auf jeden Fall Kunst, denn Theater ist Kunst.«*

Für Julia, ohne Zweifel, ist Theaterspielen Kunst, Julia spielt Theater, also macht Julia Kunst.

Als Theaterpädagogin muß ich die Kinder ernst nehmen und mich einfühlen.

Julia antwortet mir auf die Frage: *»Wie fühlst du dich beim Theaterspielen?«*
»Beim Theaterspielen brauche ich gute Laune, das Gefühl, von allen verstanden zu werden. Daß man nicht ausgelacht wird, und seiner Fantasie freien Lauf lassen kann.«

Wir müssen uns gegenseitig ernst nehmen. Die Ideen, Vorschläge, Wünsche, Fantasien und Erfahrungen der Kinder fließen in unsere gemeinsame Arbeit ein. Nur so, über das gemeinsame Gespräch, das Handeln und das Ausprobieren finden wir zusammen und haben Achtung voreinander.

Wir brauchen Regeln, die unsere kleine Gemeinschaft schützen.

Wir brauchen einen Schonraum für die Theaterarbeit. Diese Regeln sind nicht starr und unveränderlich, sondern lebendig und flexibel und wohl mehr als Hilfestellung zu verstehen. Sie helfen uns auf dem gemeinsamen Weg des Lernens: Wir halten uns an die Theaterregeln!

Je nach Erfahrung und Bedürfnis der Gruppe können die Regeln variieren. Als Ziel beinhalten sie Absprachen, Disziplin, Konzentration, Teamgeist und Kommunikation.

Dabei sind Regeln als Rituale einfacher zu verstehen und einzuhalten:

Zu Beginn und Ende der Probe stehen wir im Kreis mit einem Begrüßungs- und Abschiedsvers:
»*Wir wollen Theater spielen,*
von uns
für euch;
wir haben Spaß dabei,
wir verneigen uns
und sagen Hallo.«
Die Worte werden mit den entsprechenden Bewegungen und Gesten untermalt.

Wir schauen genau hin und hören genau zu. Wir stellen Fragen und geben Antworten.
Eine ganz wichtige Regel ist: Wir sagen »*ja*«.

Das ist ein »Ja« für das Akzeptieren, für das Anworten, Zuschauen und miteinander Arbeiten. Ein »Ja«, das die Kinder schon oft verloren haben. Ein »Ja« der Neugierde und der Spontanität. Ich erlebe bei Anfängern viele Blockaden und Verweigerungen. Das Gegenteil von Akzeptieren ist Blockieren. Wir akzeptieren die Angebote der anderen Spieler und gehen darauf ein, bzw. wir antworten ihnen. Zum Akzeptieren gehört, daß wir Sachen ausprobieren, die wir erst mal nicht als logisch und sinnvoll empfinden oder sogar für blöd, lächerlich und unangenehm halten. Mit all diesen Regeln und Spielen schaffen wir einen Raum mit hoher Akzeptanz, ohne Angst und die Basis für gegenseitiges Vertrauen.

Eine Atmosphäre ohne Angst und mit Vertrauen bildet die Grundlage für intensives Arbeiten.

Dazu Eva, 11 Jahre: »*Beim Theaterspielen lernt man den Umgang mit anderen Menschen, findet neue Freunde, lernt das laute Sprechen, das freie Sprechen und man stärkt sein Selbstvertrauen.*«

Als Theaterpädagogin bin ich bereit, Körpersprache, Mimik, mentale Widerstände und Spannungen der Kinder wahrzunehmen. Ich arbeite damit. Ich reagiere darauf. Ich nutze es für die Improvisation:

Die Gruppe ist zum Beispiel sehr verkichert. Ich reagiere: Reihum flüstern wir uns nacheinander etwas Witziges ins Ohr. Der Empfänger muß sehr lachen. Wir sind alle Kichererbsen oder Lachsäcke und hopsen und lachen so lange, bis wir platzen.
Ich verfüge über ein Repertoire an Übungen, Spielen und Techniken, die ich je nach Stand und Bedürfnis der Gruppe einsetze, variiere. Spüre ich bei einzelnen Spielern Angst, bleiben wir lange genug im Kreis und machen einfache Spiele, und ich vermeide den Vorführeffekt.
Über Augenkontakt, allmähliche Körpernähe, Spaß, und mit der Regel »alles ist richtig, falsch gibt es nicht« bildet sich Vertrauen.

Beim Theaterspielen haben wir Spaß!

Dazu meint Tini, 12 Jahre: »*Beim Theaterspielen kann ich meine Fantasie spielen lassen, mich verstellen, in andere Rollen schlüpfen, Spaß haben. Ohne Zwänge frei zu spielen und sich auf seinen Partner einzustellen, das alles und noch vieles mehr bedeutet und ist für mich Theaterspielen.*«

Beeindruckend ist bei Tini und all meinen anderen Spielern dieses »Sich-frei-und-locker-ohne-Zwänge-Fühlen.« Die Theaterübungen und Theaterspiele haben auf die Spieler einen stark erlebnisorientierten und aktivierenden Charakter.

Für Benjamin, 13 Jahre, steht fest: »*Theaterspielen ist für mich, daß man mit Menschen Spaß hat, sie von einer ganz anderen Seite kennenlernt. Das Theater macht mir Spaß, weil man seine Fantasien spielen kann und weil man auf der Bühne Sachen machen kann, die man sonst eher nicht tun würde. Durch das Theaterspielen kommen Leute zusammen, die sich sonst nicht kennen und merken, daß sie hier etwas gemeinsam machen, was ihnen Spaß macht. Mir machen die Proben immer sehr viel Spaß, weil man dabei lachen kann und man auch weiß, daß man irgendwann das Stück aufführen und den Leuten zeigen kann, was man entwickelt hat...*«

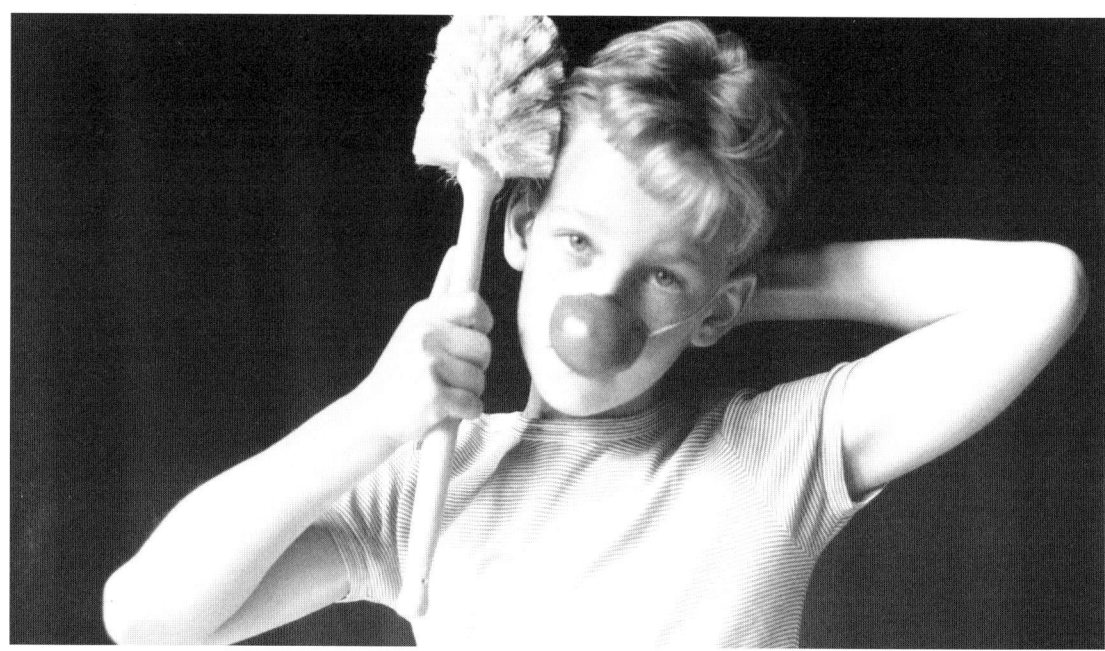

Ganz deutlich hebt Benjamin den Spaß in der Gruppe, das gemeinsame Erlebnis in der Gruppe, das Kennenlernen, das gemeinsame Arbeiten in der Gruppe, den gemeinsamen Erfolg hervor. Das heißt doch für ihn, mit anderen kann ich viel mehr Spaß haben als allein.

Zum Theaterspielen brauchen wir Inhalte.

Julia, 11 Jahre, antwortet auf die Frage zur Themensuche: »*Die Themensuche und Themendiskussionen mag ich besonders gern, weil es sehr lustig ist, wenn alle so durcheinanderreden und am Ende dann doch ein sehr gutes Ergebnis rauskommt.*«

Wir beginnen ein neues Stück mit der Themensuche. Das ist natürlich gar nicht so einfach, die verschiedenen Wünsche und Bedürfnisse der einzelnen Spieler unter ein Thema zu stellen. Dieses Ergebnis ist der erste Schritt, er führt zu themenorientierten Spielansätzen. Er hat noch nichts Endgültiges.

Dieses Suchen nach Inhalten muß sich erst entwickeln. Bei neuen Gruppen und kleineren Kindern läuft das auf einer ganz anderen Ebene. Die einzelnen Wünsche werden gesammelt. Der Wunsch macht sich an der Rolle fest. Oder ich biete Geschichten an. Die Themensuche ist ein langer Prozeß.
Während dieser Phase werden die verschiedenen Vorschläge ausprobiert. Die Themen kommen aus der Erlebniswelt oder aus den Wunschwelten der Spieler. Wir improvisieren zu Themen wie: Identität, Streit, Freundschaft, Angst, Wünsche, Familie, Märchen, Abenteuer.

Im zweiten Schritt werden die Inhalte theatral von mir aufbereitet und in den Übungen, den Techniken und den Improvisationen thematisiert. Diese praktische, lebendige Annäherung zu Inhalten führt zu ganz anderen Ergebnissen als das Reden. Zum Glück hat die Theaterarbeit immer ein Thema; und gemeinsam mit diesem Thema und an diesem Thema, können wir uns weiterentwickeln, abarbeiten, lernen und Theater machen.

Dazu Nils, 12 Jahre: »*Vielleicht ist man, wenn man ein Stück oft aufgeführt hat und es schließlich ablegt, auch ein wenig traurig. Aber wenn man dann mit der Gruppe Pläne für ein neues Stück schmiedet, verschwindet diese Traurigkeit, denn man läßt sich nun auf etwas Neues ein. Und es ist immer wieder spannend, neue Themen zu diskutieren.*«

Auseinandersetzung und Identifikation sind beim Theaterspielen sehr intensiv. Dazu kommt der Erfolg der gemeinsamen Leistung.
Und es fällt nicht nur Nils schwer, sich nach nur zwei bis vier Auftritten von den Rollen, Inhalten und dem Stück zu lösen. Ein Abschied.

Theaterspielen ist eine Form des Lernens.

Nils antwortet auf die Frage: »*Was magst du an den Probenphasen?*« – »*Ich mag und liebe es, bei den verschiedenen Spiel- und Probenphasen immer wieder zu sehen, was man schon gelernt hat, und immer wieder neue Dinge dazuzulernen, die man auch später umsetzen kann.*«

Beim Theaterspielen gehen wir von einem ganzheitlichen Menschenbild aus. Körper und Psyche sind eine Einheit. Es ist ein lebendiges Lernen mit Kopf, Hand und Herz.
Lernen mit Kopf, d.h. sehen, denken, verstehen, sprechen, wahrnehmen.
Lernen mit Hand, d.h. mit allen Sinnen, anfassen, bauen, handeln. Lernen mit Herz, d.h. fühlen, einfühlen, schmecken, riechen, hören.
Diese drei Elemente sind beim Theaterspielen alle integriert. Nichts geht ohne das andere.
Ich möchte das mit einem Beispiel erklären: »Die Blume blüht!«

Es ist etwas anderes, ob ich den Satz nur für mich lese, laut lese, schreibe, die Blume betrachte, eine Blume male oder die Blume spiele. Wenn ich sie darstelle, mich wie sie bewege, ihre Freude beim aufblühen nachempfinde, mich auch noch als Blume kostümiere, schminke und mir eine Kopfbedeckung bastele, ist das ein ganzheitliches Lernen.

Dieses Lernen findet in der Gruppe statt. An dieser Gruppe nehme ich als Spielleiterin teil und trage unterstützend die Verantwortung für den Gruppenprozeß. Bei den vielen Übungen zur Schulung von Imagination, Ausdruck, Mimik, Beweglichkeit, Tempo, Konzentration und Gestik werden Körper, Geist und Seele ganzheitlich angesprochen.

Kreativität ist die Basis für das Theaterspielen.

Julia, 11 Jahre: »*Ich denke, jeder ist beim Theaterspielen kreativ.*«

Es gibt eine Fülle von Techniken beim Theaterspielen, die die Kreativität des einzelnen und der Gruppe fördern. Mit der Kraft des Unbewußten, mit der Zielsicherheit eines Sportlers bewältigen die Spieler die Aufgabe der Improvisation und haben viel Freude dabei.
Dieser Zustand setzt natürlich auch – oder gerade – bei der Kreativität intensive Vorarbeit voraus. Nennen wir es ein Know-how oder Fachwissen von Theatertechniken. Auch Fleiß und Durchhaltevermögen sind eine Voraussetzung zur Kreativität und zum Mut! Ich muß bereit sein, bekannte Wege, Sicherheiten zu verlassen und Neues auszuprobieren.

Zu Erfahrung, Mut, Fleiß kommen die kreativen Denkfähigkeiten. Es ist die Fähigkeit, eine größere Zahl von Möglichkeiten durchzuspielen, sich lange auf ein Problem zu konzentrieren und hohe Ansprüche an die eigene Arbeit zu stellen. Ich denke, genau das ist beim Theaterspielen, beim Proben, beim Inszenieren gefordert.

Immer wieder stellen wir die Szenen und Improvisationen in Frage, probieren neu, probieren noch mal. Die Arbeit ist nie zu Ende, es gibt immer noch eine Lösung, noch eine Möglichkeit, wir befinden uns immer noch auf dem Weg.

Was deutlich bei den kleinen Spielerinnen und Spielern zum Ausdruck kommt, ist der Spaß am Spiel. Und genau eben dieser Spaß und diese Leidenschaft am Theaterspielen sind ein wichtiger Bestandteil der Kreativität.

Die Empathie, das Einfühlungsvermögen, entsteht und wächst beim Theaterspielen.

Eva, 11 Jahre, schreibt dazu: *»Theaterspielen macht Spaß, denn man kann beim Theaterspielen ein anderer Mensch sein. Oder auch in die Rollen von Tieren, Pflanzen und unbekannten Lebewesen schlüpfen.«*

Kinder schlüpfen gerne in Rollen, ob das Mensch, Tier, Pflanze, Ding, Element, Vorbild, Angst- oder Wunschvorstellung ist. Die Empathie ermöglicht den Kindern, sich in andere hineinzuversetzen, sich konträre Positionen, fremde Kulturen, Lebenswelten zu eröffnen und somit Interesse und Verständnis zu entwickeln. Wenn Theater das schafft, haben wir als Pädagogen schon viel erreicht. Durch Empathie sind sie in der Lage, mitmenschliche Verhaltensweisen zu deuten, menschenfreundlich zu denken und zu handeln. Zu diesem Hineinversetzen und Einfühlen ermutige ich die Kinder. Anfänger, meistens jüngere Kinder, spielen sehr gerne Tiere, Babies, Kinder und Eltern. Durch Übung und Erfahrung wachsen sie in ihrer Darstellung über die Klischees hinaus und zeigen ein bißchen Wahrheit.

Theaterspielen fördert und bildet soziale Kompetenzen.

Nils, 12 Jahre: *»Man sollte jeden akzeptieren in einer Gruppe, auch wenn man sie/ihn nicht mag.«*

An dieser Äußerung von Nils sehen wir, daß er sehr differenziert seine Kolleginnen und Kollegen beurteilt und akzeptiert. Beim Theaterspielen entsteht eine Menge von sehr komplexen Vorgängen innerhalb einer Gruppe. Dadurch daß die Spieler in diesen Gruppen denken, entscheiden, handeln, probieren, fühlen, erleben und leben, verfügen sie mit der Zeit über kognitive, emotionale und motorische Verhaltensweisen, die sich positiv auf ihre Entscheidungen in bestimmten Situationen auswirken.

Hier ein paar Beispiele sozial kompetenten Verhaltens, die immer wieder auftauchen. Die Spielerinnen und Spieler sind in der Lage, auf Kritik zu reagieren, Änderungen bei störendem Verhalten zu verlangen, Widerspruch zu äußern, Unterbrechungen im Gespräch zu unterbinden, sich zu entschuldigen, Schwächen einzugestehen, unerwünschte Kontakte zu beenden, Gespräche zu beginnen, aufrechtzuerhalten oder zu beenden, erwünschte Kontakte zu arrangieren, um einen Gefallen zu bitten, Komplimente zu machen, Gefühle offen zu zeigen, nein zu sagen und Versuchungen zurückzuweisen.

Ich habe in der Theaterarbeit mit Kindern die Möglichkeit, diesen Weg zu gehen. Gemeinsam können wir in unserem Arbeitsprozeß als Nebenprodukt die sozialen Kompetenzen erwerben. Sie stehen dabei nicht im Blickpunkt, sondern es dreht sich um Theater, Theatertechniken und Inhalte und das damit verbundene Proben und Inszenieren.

Ganz wesentlich für die Theaterarbeit ist die Intuition.

Tini, 12 Jahre: *»Ich liebe an den Spiel- und Probenphasen, daß man vom Thema abkommt und zwischendurch mal etwas ganz anderes macht.«*

Dieses »Vom-Thema-Abkommen-und-zwischendurch-etwas-ganz-anderes-Machen«, was Tini so gerne mag, setzt bei mir als Theaterpädagogin ein flexibles und spontanes Verhalten voraus. Ich muß also genau das Bedürfnis der Gruppe kennen oder spüren. Und wer bestimmt überhaupt das Bedürfnis der Gruppe? Was ist eine Gruppe? Was fühlen die einzelnen Kinder der Gruppe? Ich frage mich: Brauchen die Kinder jetzt Anregung von mir? Brauchen sie eine ganz klare Spielanweisung? Wollen die Kinder jetzt

Ich empfinde das oft als eine Gratwanderung zwischen meiner Akzeptanz des Spielerverhaltens und dem Führungsstil. Das heißt, was akzeptiere ich an Chaos, bis wohin ist es kreativ, was akzeptiere ich an individuellem Spielerverhalten, z.B. bei Störungen, und wann greife ich regulierend ein.

Die Theaterenergie, ohne die geht es nicht.

Tini, 12 Jahre: »*Theater-Energie kann man, glaube ich, nur erzeugen, wenn man kreativ ist, viel Fantasie hat, einem nichts peinlich ist, man auf der Bühne seine Gefühle zeigen (spielen) kann und wenn man sich gut mit Rollen und Themen auseinandersetzen kann.*«

alleine in Kleingruppen arbeiten? Oder muß ich sie in der Gruppe zusammenführen? Wollen sie sich stark oder wild bewegen? Oder bevorzugen sie die meditative Konzentration? Brauchen sie eine Herausforderung? Oder wollen sie lieber eine Wiederholung?

Rein nach Gefühl kann ich mich sehr schnell entscheiden. Mit Intuition erforsche ich die Bedürfnisse. Die Gruppe und die Spieler werden durch die Übungen und Techniken stabilisiert und sensibilisiert. Der Freude, dem Spaß, den positiven Erlebnissen stehen Fleiß, Disziplin und Ausdauer gegenüber.
Bei all der Methodik und Didaktik, über die ich frei und abrufbar verfüge, kann ich aufgrund meiner Erfahrungen das Klima in der Gruppe schnell erfassen und über meine Angebote eine positive Atmosphäre schaffen. Faktoren, wie Erschöpfung, Langeweile, Nervosität, Aggression, fließen in die Gestaltung der Proben ein. Ich muß mich immer wieder dem Stimmungsbild der Probe stellen und damit möglichst wahrhaftig arbeiten.

Endlich! Vielleicht ist das ja auch das Ziel! Dieser lange Weg zum Inszenieren! Wie lernen wir es, erst einmal offen bejahend zu sein und behutsam langsam »besser« zu werden, so daß Kritik zur Bereicherung, zur Unterstützung der vorhandenen Spielerqualität wird? Manchmal haben wir den angstfreien Raum geschaffen, in dem wir etwas »Tiefes« von uns zeigen können, in dem die Theatergeheimnisse verstanden und die einfachsten (schwersten) Dinge auf der Bühne so sind, daß die meisten Spieler sich selbst und die anderen spüren können als: laut und leise, schnell und langsam, verzögert und reduziert, leicht und schwer, tief und hoch, raumfüllend, präsent, konzentriert und wahr.
Ohne Freundlichkeit, Wärme, Lust, Aufmüpfigkeit und Zorn kann ich mir das Theaterspielen mit Kindern nicht vorstellen. Ob mir als Theaterpädagogin dabei diese Gefühle von den Kindern entgegenkommen, ob ich diese Gefühle für die Kinder habe und ob wir gemeinsam diese Gefühle auf der Bühne zeigen, alles ist möglich. Es ist der Weg mit den hundert Möglichkeiten.

Bausteine

Spielideen

Das Werkstattbuch ist nach Themen geordnet. Unter jedem dieser Themen finden Sie eine Vielfalt von Spielideen. Ich habe versucht, bereits die ersten Spielideen auf das Thema inhaltlich zu beziehen, so daß über einfache Interaktionsspiele und theatrale Grundübungen ein Einstieg und eine Annäherung an das Thema stattfindet. Diese Spielideen bestehen aus einer Mischung von theatralen Techniken und Übungen, Improvisationen und szenischem Spiel. Sie sind so aufgebaut, daß die Anforderung an die Spielerqualität und die Spielerselbständigkeit innerhalb des Projektes wächst. Die ersten drei Themen sind allgemeiner und bieten eine Art Einführung ins Theaterspielen. In leichten Abwandlungen finden sich die Basismethoden in allen Kapiteln wieder. Die Einstiegsspiele sind sowohl für Anfänger als auch für erfahrene Spieler geeignet. Bei den weiterführenden Improvisationen und dem szenischen Spiel brauchen die unerfahrenen Spieler mehr Zeit und mehr Versuche.

Auch haben die Ergebnisse je nach Spielerfahrung eine ganz andere Qualität. Bei vielen Spielideen sind Variationen – sprich Abwandlungen – und Veränderungen möglich und wünschenswert. Die Theaterarbeit und der theatrale Prozeß befinden sich in Entwicklung. Das gleiche gilt für die Spielideen, die immer verändert werden oder neu in Zusammenhang gesetzt werden können. Die Spielideen richten sich an Spieler in jedem Alter. Die Erzieherin weiß, wie weit sie die verschiedenen Spielideen bei welchen Kindern altersgemäß einsetzen kann und wird dementsprechend auswählen.

Die Rolle des Spielleiters

In der Theaterarbeit brauchen die Spieler manchmal Mut und Selbstüberwindung. Sie verlassen teilweise gewohnte Verhaltensmuster, probieren etwas Neues aus und öffnen sich. Sie sind als Spielleiterin daher sehr gefordert, mit dem Ihnen entgegengebrachten Vertrauen in Sie und ihre Arbeit behutsam umzugehen. Sie vermitteln bei allem, was Ihnen die Spieler entgegenbringen, daß Sie es annehmen und bejahen. Sie ermutigen Ihre Spieler durch Zuruf. Sie unterstützen durch positive Kommentare. Sie machen selbst die Spiele und Übungen mit, regen an, greifen auf, verstärken. Das, was die Spieler erfinden, ausdrücken, darstellen, improvisieren, ist vielleicht nicht immer das, was Sie sich in Ihrer Vorstellung erhoffen, aber es ist ein individueller Ausdruck Ihrer Spieler und den sollten Sie wertschätzen, fördern und weiterentwickeln. Auf der anderen Seite sollten Sie den Rahmen und die Regeln Ihrer Theaterstunde klar strukturieren und vorgeben. Innerhalb der Arbeit ist vieles erlaubt, und alles darf probiert werden, aber wer den Rahmen mißachtet und stört, dem sollten Grenzen gesetzt werden.

Die Gruppe

In Ihren Theatergruppen, gleichviel ob Sie mit Kindergartengruppen, Schulklassen, Hortgruppen, Theaterarbeitsgemeinschaften oder Spielgruppen arbeiten, werden Sie merken, daß die Gruppen sehr unterschiedlich auf die Spielideen reagieren und daß sich in jeder Gruppe andere Bedürfnisse und andere Lieblingsspiele entwickeln. Deshalb sollten Sie die Spielideen ausprobieren und unter ihnen eine Auswahl treffen. Die Spiele, die gut von der Gruppe angenommen werden, können in vielen Treffen wiederholt werden. Denn dieselben Spiele verändern ihre Qualität mit der Zeit und sind eigentlich nie gleich.

Methoden

Am Anfang der Theaterstunde beginne ich immer mit einem Spiel im Kreis. Der Kreis ist erst einmal die Basis für den aktiven und zuschauenden Spieler. Alle haben alle im Blick, es ist eine sehr kontrollierte Situation, aber sie ist auch rund und warm und beschützend. Die Konzentration der Spieler ist im Kreis am einfachsten zu halten, alle schauen zur Mitte, und diese Mitte ist unsere erste Bühne und unsere erste Plattform. Die Spieler arbeiten gleichzeitig oder kurz

nacheinander, sie sind immer Bestandteil des Spiels, auch alle gleichzeitig beschäftigt und gefordert.

Raum
Vom Kreis aus gehen wir in den gesamten Spielraum und lernen, mit Wegen diesen Raum zu besetzen und auszufüllen. Der gesamte Raum wird zur Spielfläche, die Situation ist viel weniger überschaubar als im Kreis. Die Spieler sind kreuz und quer verteilt, sie bewegen sich und sind zueinander gewandt aber auch voneinander abgewandt. Die Spieler sind wieder mehr für sich, und es ist zunächst kein Bezugssystem für sie da. Für die Spieler werden nun verschiedene Bezugssysteme in Form von Techniken, Übungen und Spielen installiert.

Paarebilden
Im Raum begegnen sich die Spieler als Paare. Parallel arbeiten sie in der Zweiergruppe zusammen und machen erste Erfahrungen mit dem theatralen Angebot und der Akzeptanz eines Gegenübers. Sie lernen es, sich aufeinander einzulassen, einzustellen und gemeinsam kreativ zu werden. Bereits hier kann, wie auch im Kreis, die Arbeitsweise eines Paares gezeigt werden, während die anderen Spieler auf der Spielfläche bleiben. So werden die Spieler ganz allmählich zum Vorführen hingeführt.

Gruppenbilden
Der nächste Schritt ist die Bildung von Dreier-, Vierer- oder Fünfergruppen. Die Gruppe ist größer, die Absprache, die Auseinandersetzung, das Aufeinander-Einlassen wird komplizierter und der kreative Prozeß umfassender. Die Gruppen arbeiten parallel im gleichen Raum und zeigen nacheinander ihren Arbeitsprozeß.

Improvisation
Ein Teil der Spielfläche wird zum Zuschauerraum, der andere bleibt Spielfläche. Die Spieler treten aus

der geschützten Situation heraus, in der alle zugleich Spieler und Zuschauer sind. Freiwillige Spieler stellen sich auf der Spielfläche, der zuvor unbekannten Improvisationsaufgabe. Mit der Zeit werden aber auch die Improvisationstechniken den Spielern vertrauter. Die anderen Spieler sind die Zuschauer. Diese Arbeitsweise setzt eine vertraute und positive Atmosphäre voraus, damit sich die Spieler auch wirklich angstfrei exponieren können.

Spielaufgabe
Bei der Spielaufgabe ziehen sich die Spieler in Gruppen auf eine kleine Probenfläche zurück und arbeiten selbständig und parallel miteinander an der Spielaufgabe. Später im Plenum zeigen sie ihre Ergebnisse.

Nachbesprechung
Selbst die Spiele im Kreis können nachbesprochen werden. Bereits hier gewöhnen Sie Ihre Spieler an das Darüberreden, und Sie befragen ihr Befinden. *»Wie hat euch das Spiel gefallen?«* oder *»Warum hat euch das Spiel gefallen?«*, sind erste Angebote. Achten Sie darauf, daß die Kommentare fair sind und nicht verletzend. Alle Präsentationen werden gelobt und beklatscht. Eventuell wird eine Szene wiederholt, und Änderungen werden vorgenommen. Aber in erster Linie gilt: Alles ist richtig. Falsch gibt es nicht! Aber: Was könnte man anders machen?

Werkstatteinblick
Die Ausführung und Umsetzung der Spielideen und der sich daraus ergebende Theaterprozeß mit und unter den Spielern ist unser Ziel. Die hier vorgestellten Werkstatteinblicke sind eigentlich kaum mehr als die Darstellung und Zusammenfassung dieses Prozesses. Es ist die erste und einfachste Weise, nach außen vor Publikum zu treten. Vielleicht erscheinen Ihnen diese Einblicke zu einfach, zu pragmatisch, zu belanglos. Vielleicht verbinden Sie so etwas gar nicht mit einer Theateraufführung. Vielleicht würden Sie es ganz anders machen. Ich hoffe, Sie probieren es trotzdem aus. Denn ich denke, es ist einfach ein erster Schritt, die Spieler an das Aufführen zu gewöhnen. Es ist auch ein sehr schnell gewachsenes Ergebnis, bei dem viele Anteile Ihrer Spieler Platz haben. Es ist außerdem nur ein Rahmen, ein Muster, ein System mit viel Platz für eigenes. Sehen Sie meine Werkstattvorschläge als eine Möglichkeit von vielen.
Ich baue diese auch nur deshalb auf, damit Sie nachvollziehen, wie einfach ich mir diese Präsentationen vorstelle.

Die Präsentation der Werkstatt basiert auf der Technik der Montage. Einzelne Übungen, Improvisationen und Szenen werden aneinander montiert. Das verbindende Element dieser Werkstätten kann das Thema sein, aber auch die Theatertechnik und der Wunsch, einmal etwas zu zeigen. Diese Einblicke haben nicht den Anspruch einer szenischen Collage oder Montage. Sie sind noch sehr viel improvisiert, es gibt noch kein Text- oder Rollenbuch, höchstens eine Liste mit der Anordnung der Auftritte, Spiele und Spieler.

Ziel wäre es, die Übungen und Spiele so zu inszenieren, daß das eine aus dem anderen entsteht, oder daß ein ähnliches Prinzip oder Spiel von der einen Szene zur anderen überleitet. Aber auch das muß nicht von Anfang an gegeben sein, das wird sich entwickeln.
Die Übergänge müßten genauso die Spannung halten wie die Szene selbst. Eine erste Hilfe dazu wäre das Einfrieren. Der Schlußpunkt der Szene oder der Impro wird eingefroren und die Spieler der nächsten Szene gehen zielstrebig und selbstverständlich auf ihre Position. Sie frieren ebenfalls ein und die »alten« Spieler gehen ins »Off«. Oder die Spieler bleiben auf der Bühne, sie haben einen Sitzplatz oder Standplatz und einen konzentrierten Ausdruck. Sie geben ihre Energie an die Spielenden weiter.
Es ist für alle Spieler immer ein Abenteuer, sich zu schminken und zu verkleiden. Falls Sie Zeit und Mittel haben, sollten Sie ihre Spieler an die Schminktechniken heranführen und mit ihnen Verkleidungsideen entwickeln und umsetzen.
Über Kleidung und Schminke erleben die Spieler eine zusätzliche Verwandlung und Verwirklichung ihrer Wünsche und Fantasien.

Erstes Kapitel : # Identität

Beim Theaterspielen kann das Kind sich selbst entdecken. In der Auseinandersetzung mit sich, mit seinen Gefühlen, seinen Bewegungen, seinem Körper und seinem Geist lernt es Teile seines Ichs genauer kennen. Theaterspielen ist immer eine Suche und eine Möglichkeit, sich selbst zu finden.

Theaterspielen bedeutet gegenwärtig sein mit Körper und Seele. Das Kind spürt und erlebt sich intensiv in der Aktion mit sich und anderen. Beim Theaterspielen wirken Körper, Geist und Seele zusammen. Es ist nicht nur die Frage: »Wer bin ich?«, die es beim Spiel begleitet, sondern auch: »Was mache ich? – Wer/Was würde ich gerne sein? – Wie bin ich?« Diese Fragen sind jedoch nicht bewußt, sie sind stille Begleiter, die gewissermaßen selbst antworten.

Der Prozeß der Selbstfindung ist allerdings ein Nebenprodukt, so etwas wie ein schönes Geschenk.
Das Produkt, auf das wir zielen, ist das Theater. Theater, das bei den Proben entsteht, das geführt und getragen wird von Übungen, Techniken, Formen und Themen, deren Ergebnis der Weg und die Aufführung ist.

Elsa, 13 Jahre: »*So sehr ich auch versuche, die Rolle nachzuspielen, ich bin nie ganz die Rolle, ich bin immer ich.*«

Maik, 13 Jahre: »*Ich kann mich gut in jemand rein versetzen, aber nur wenn die Rolle mir gefällt und mir Spaß macht. Wenn die Rolle überhaupt nicht meiner Fantasie entspricht, bleibe ich ich und die Rolle die Rolle.*«

Spielideen zum Thema »Identität«

Im Kreis: Namenspiel
Die Spieler stehen im Kreis und stellen reihum ihren Namen vor. Dazu erfinden sie eine Bewegung oder Pose. Die Gruppe wiederholt gemeinsam den Namen und die Bewegung oder die Pose. Die Bewegung, der Ausdruck oder die Gestik des Spielers kommen sehr spontan und unüberlegt. Sie entstehen im Aktionsfluß des Kreises. Der Impuls tritt von innen heraus, und die Aktion hat einen direkten Bezug zum Spieler. Ich habe Spieler erlebt, die über Jahre hinweg eine weiche, fließende Bewegung zum Boden hin gemacht haben, und andere, die immer einen Hüpfer zeigten oder sich auf dem Boden rollten. Ich meine, es ist eine sehr individuelle Übung.
Zu den *Variationen*: Theaterspielen ist etwas sehr Lebendiges, sich ständig im Prozeß und in der Veränderung Befindendes. Das gleiche gilt für die Theaterspiele. Auch sie sind im kreativen Prozeß und können abgewandelt werden.

Variation 1:
Der Name wird mit verschiedenen Gefühlen gesprochen und gespielt.
Variation 2:
Der Name wird mit neuem Rhythmus, wechselndem Tempo und mit unterschiedlicher Lautstärke gesprochen.
Variation 3:
Die Spieler überlegen sich den Wunschnamen, den sie schon immer haben wollten.
Variation 4:
Die Spieler wählen sich einen Fantasienamen aus der Nonsens-, Grommolo- oder Comicsprache. Sie bezeichnen sich als »Krkra«, »Blb«, »Gig«, »Oink«, »Maladusini«!
Variation 5:
Die Spieler tauschen die Namen untereinander. Aus Maik wird Raoul, aus Anna wird Stella...

Variation 6:
Die Spieler benennen sich nach einem Popmusiker, Filmstar oder Fernsehserienheld.

Zwei Variationen pro Treffen sind ausreichend. Die Ideen der Spieler können hier eingebracht werden. Die Variationen sollten nicht ermüden oder langweilen.

Im Kreis: Standbildnamenspiel
Beim Standbild friert der Spieler seinen Ausdruck und seine Bewegung ein.
Das einfachste und erste Standbild ist das Einfrieren der Bewegung oder der Pose beim Namenspiel. Die Spieler stehen im Kreis und stellen reihum ihren Namen vor. Dazu erfinden sie eine Bewegung oder Pose, und zum Abschluß frieren sie die Bewegung ein. Die Gruppe wiederholt gemeinsam den Namen und die Bewegung oder die Pose, und alle frieren ein bis der neue Name kommt.

Im Kreis:
»Weißt du, was ich gerne wäre?« – Der Beruf
Die Spieler nennen reihum einen Beruf und überlegen sich eine typische Geste oder Körperhaltung. Die anderen Spieler machen die Geste nach. Falls die

Spieler schon etwas präziser sind, raten die zuschauenden Spieler den Beruf.

Variation 1:
Die Spieler sitzen auf der Spielfläche, ein Spieler tritt vor die restliche Gruppe und beginnt mit einer Tätigkeit aus seinem gewählten Beruf. Sobald ein zuschauender Spieler erkannt hat, welcher Beruf es ist, geht dieser auf die Spielfläche und macht genau die gleiche Tätigkeit. Es können mehrere Spieler auf die Spielfläche.

Variation 2:
Der zweite und alle weitere Spieler machen eine ergänzende Handlung aus dem Berufsfeld.

Variation 3:
Die hinzukommenden Spieler sind der Spiegel. Sie spiegeln alle Bewegungen des ersten.

Im Kreis:
»Weißt du, was ich gerne wäre?« – Die Figur
Die Spieler nennen reihum eine Figur/Rolle wie Bettler, Schüler, Monster, Prinzessin, Model und überlegen sich eine typische Geste oder Körperhaltung. Die anderen Spieler ahmen die Geste nach. Falls die Spieler schon etwas präziser sind, sagen die Akteure nicht, wen sie darstellen und lassen die zuschauenden Spieler die Figur erraten.

Das Tableau:
»Weißt du, was ich gerne wäre?!« – Die Figur
Die Spieler sitzen auf der Spielfläche, ein Spieler tritt vor die restliche Gruppe und stellt seine Figur dar. Er nimmt die entsprechende Körperhaltung ein und friert sein Standbild ein. Er sagt zudem, was er darstellt. Alle anderen Spieler können nun das Umfeld der Figur, ob Möbel, Gebäude, Gegenstände, Pflanzen, Wetter, weitere Figuren bilden. Nacheinander betreten die Spieler die Spielfläche und frieren ein. Sie kündigen an, was sie sind.

Tierkreis:
»Mit welchem Tier identifiziere ich mich?«
Um die Ausdrucksmöglichkeiten und die Spielfreude zu vergrößern, wird das Identifikationsfeld auf Tiere, Pflanzen und Dinge erweitert. Jeder Spieler überlegt

sich ein Tier. Nacheinander stellen alle ihr Tier namentlich vor und untermalen es mit der entsprechenden Bewegung.

Variationen:
Die Fragen an die Spieler lauten:
- Was für ein Tier hättest du gerne?
- Was für ein Tier wärst du gerne?
- Vor welchem Tier hast du Angst?
- Überlege dir ein Tier auf dem Bauernhof, im Urwald, im Wasser, im Gebirge, im Zoo.

Ist die Gruppe beim Thema Wasser, überlegen sich alle ein Tier im Wasser. Das jeweilige Tier wird dargestellt und von der Gruppe nachgeahmt. Wenn sich dabei die Tiger, Hunde oder Mäuse wiederholen, wird die Darstellung präzisiert mit der folgenden Anregung: Wie läuft, rennt, hüpft, krabbelt, schreit der Hase usw.?

Kreis mit Gegenständen: »Was wäre ich gerne?«
Lustig wird es im Kreis mit Gegenständen, wo die Spieler sich als Halskette, Stuhl oder Telefon bezeichnen und darstellen. Ein Kind sagt: »*Lampe.*« Es bildet mit seinem Körper die Lampe nach. Alle anderen machen es ebenso. Die Erzieherin regt die Spieler zur Darstellung an, indem sie das Bezugsfeld präzisiert. Die Spieler stellen Dinge aus einem Umfeld, wie dem Haushalt, der Küche,

Bei der Wahl des Tieres entscheiden die Spieler entsprechend ihren Vorlieben, Ängsten, Wünschen, Identifikationen, ihrem Temperament und ihrer momentanen Stimmung. In der Wiederholung und mit der Präzisierung der Aufgaben ergeben sich für die Spieler auch neue Tierrollen.

Natürlich gibt es auch Spieler, die über Wochen, manche über Jahre, immer Löwe oder Meerschweinchen bleiben. Aber auch das ist o.k.

Pflanzenkreis: »Was wäre ich gerne?«
Die Spieler finden sich auch in Pflanzen wieder. Die eine Spielerin sieht sich als eine zarte Blume, die nächste als großen Baum oder als ein biegsames Gras. Die Pflanzen wachsen und stehen alle in einem Garten, im Urwald, auf der Fensterbank, im Kräutergarten, im Gemüsegarten oder auf der Wiese. Jeder Spieler stellt eine Pflanze dar.

dem Bad, dem Wohnzimmer, dem Krankenhaus, der Autowerkstatt, der Fabrik, dem Wochenmarkt oder dem Jahrmarkt, dar. Was auch viel Spaß macht, ist die Darstellung von vielen kleinen Details. Die Spieler sind Teile eines Uhrwerks, einer Küchenmaschine, eines Aquariums, eines Kassettenrecorders. Wie beim Namenspiel wiederholen die Spieler gemeinsam die Darstellung der Dinge.

Formen im Raum
Die Spieler waren bei den bisherigen Spielen viel im Kreis. Nun löst die Erzieherin den Kreis auf, und die Spieler gehen im Raum verteilt umher. Tempo und Rhythmus bestimmt die Erzieherin. Sie weist die Spieler an, kreuz und quer zulaufen, rückwärts zu gehen, sich seitlich zu bewegen. Sie sollen sich dabei nicht berühren und einander achten. Auf ein Signal, wie »stop« oder halt, oder ein Klatschen frieren die

Spieler ihre Bewegung ein. Die Erzieherin fordert die Spieler auf, zu zweit, zu dritt oder zu viert ein Dreieck, eine Reihe, einen Stern, einen Kreis, einen Haufen, einen Pfeil, eine Ecke, ein Rechteck, eine Kette oder eine Linie zu bilden. In der letzten Konstellation bleiben sie als Gruppe zusammen.

Tiere, Pflanzen und Gegenstände als Standbilder, zu zweit, zu dritt und zu viert
Im ersten Schritt gibt die Erzieherin das Thema des Standbildes noch an: wie Blume, Treppe, Drache ...

Standbild bauen: Die Blume
Die Spieler bilden in ihrer Gruppe gemeinsam das Standbild »Blume«. Sie ergänzen sich dabei und arbeiten zusammen. Die Erzieherin erklärt den Vorgang des Standbildbauens mit ein paar Spielern mehrmals in der gesamten Gruppe. Die Spieler reden wenig miteinander. Hat ein Spieler den ersten Impuls, die Idee zum Standbild »Blume«, stellt er den Blumenstiel oder das Blütenblatt dar, er nimmt einfach die entsprechende Position ein. Das zweite Kind ist ein weiteres Blütenblatt, das dritte das Innerste der Blume und so weiter.
Wenn das Zusammensetzen des gemeinsamen Bildes wortlos geschieht, sprechen die Spieler die Sprache des Körpers. Es erhöht außerdem die Konzentration und die Bereitschaft, aufeinander einzugehen. Dominante verbale Spieler können zumindest nicht mit Worten bestimmen und das Standbild kann auf den Bauenden einwirken ohne Kommentare und Einmischungen.
Die ersten gemeinsamen Standbilder zum Thema Tier, Pflanze und Gegenstand sind entstanden.

Standbild bauen und raten
Im zweiten Schritt überlegen sich die Gruppen selbst ihre Aufgaben. Sie bauen ein Standbild zu Telefon, Fahrrad oder Ameise und merken sich für jedes Bild ihre Position.
Wenn alle Gruppen ihre drei Standbilder entwickelt haben, zeigen sich die Gruppen ihre Ergebnisse gegenseitig vor und raten.

Im Kreis: Baumspiel – »Ich bin ein Baum.«
Die Spieler stehen im Kreis. Der Schauplatz ist die Kreismitte. Ein Kind eröffnet das Spiel, tritt in die Mitte und sagt: »Ich bin der Baum.« Es verdeutlicht seine Rolle, den Baum, mit Ausdruck und Bewegung. Das zweite Kind tritt dazu und sagt: »Ich bin der Apfel.« Das dritte: »Ich bin der Wurm.« Das erste (der Baum): »Ich gehe raus und nehme den Apfel mit.« Es hat freie Wahl. Zurück bleibt der »Wurm«, er ist nun der neue Impulsgeber für die weiteren Assoziationen. Zum »Wurm« ordnet sich die »Erde«, zur »Erde« das »Gras«. Nun verläßt der »Wurm« das Standbild und wählt die »Erde« aus zum Mitkommen.
Jedes Wort darf nur einmal vorkommen. Die Spieler melden sich, und die Erzieherin achtet auf die gleichmäßige Verteilung bzw. Häufigkeit der Meldungen. Beim Baumspiel ergeben sich immer wieder neue Assoziationsketten.
Wichtig ist die Konzentration; Kommentare und Dazwischengerede werden unterbunden. Es wird spontan und schnell gespielt. Die Darsteller stehen ruhig als Standbild da und warten auf ihre Auflösung.

Spielaufgabe: »Was ich gerne mache!«
– Einer steht vor der Gruppe
Die Spieler überlegen sich, was sie gerne machen. Diese Tätigkeit stellen sie ganz stumm nur mit Bewegung und Mimik dar. Die Gruppe versucht durch Nachspielen, sich der Tätigkeit zu nähern, sie zu erfassen und zu erkennen. Diese Übung kann auch in der Vorstufe im Kreis stattfinden. Die Tätigkeiten sollten einfach darzustellen und zu raten sein: Felix spielt Fußball. Anna fotografiert. Robert pflückt Blumen. Bettina sieht fern. Elsa liest ein Buch. Maik malt. Stella geht einkaufen.

Spielaufgabe: »Was ich gerne mache!«
– Eine Tätigkeit ergänzen
Die Spieler setzen sich als Zuschauer auf den Boden. Ein Spieler überlegt sich eine Tätigkeit und geht auf die Spielfläche. Wer von den Zuschauern die Tätigkeit klar erkennt, gesellt sich dazu.

– Elsa beginnt, sie stellt sich vor die Gruppe und leckt ein Eis. Alle, die wollen, können dazu gehen und auch ein Eis lecken.
– Eva pflückt eine Blume.
Variation: Die Spieler beginnen zu sprechen.

Spielaufgabe: »Was ich gerne mache!«
– Eine gemeinsame Tätigkeit ergänzen
Ein Spieler überlegt sich eine Tätigkeit, die man gut mit mehreren machen kann. Er betritt die Spielfläche und fängt an. Sobald die Zuschauenden die Tätigkeit erfaßt haben, gehen sie dazu.
– Julia baut einen Turm; gemeinsam bauen sie einen Turm.
– Kathi pflückt Beeren; zusammen pflücken sie Beeren an einem Strauch.
– Fabian hört Musik; alle lauschen der Musik.
– Katharina spielt ein Instrument; alle spielen verschiedene Instrumente; sie werden zur Band oder zum Orchester.

Im Kreis spiegeln: Wer führt?
Die Spieler folgen den Bewegungen der Erzieherin. Die Bewegung ist langsam, deutlich ausgeführt und flüssig. Der Hauptimpuls liegt bei den Händen und Armen.
Ein Spieler meldet sich als Beobachter. Während ein geheimer Vormacher ausgewählt wird, steht der Beobachter vor der Tür. Die Gruppe soll nun so harmonisch arbeiten, daß ein Außenstehender nicht erkennen kann, wer anleitet. Alle sollten nacheinander einmal Erfahrung als Beobachter und als Vormacher erhalten. Der Beobachter erforscht, wer der Vormacher ist. Eine neue Runde beginnt.

Im Detail darstellen:
Ein Tableau von Mädchen und Jungen
Ein Spieler stellt sich als »Mädchen« in die Mitte. Nacheinander ordnen sich die Spieler um das »Mädchen« und stellen dar, was dazugehört: Mädchen, Blume, Rose, Herz, zickig, kichern, freundlich, lieb-

lich, Courage, Barbiepuppe, Tanzen, Gefühl.
Ein Spieler stellt sich als »Junge« in die Mitte. Nacheinander ordnen sich die Spieler um den »Jungen« und stellen dar, was dazugehört: Jungen, Macht, Sport, Angeberei, Computerspiele, Fußball, Kappe, Coolsein, Witz, Rennauto.

Standbilder
Mit den Standbildern kann man auch Gefühle, abstrakte Begriffe und eine Situation darstellen.

Typisch-Mädchen-typisch-Jungen-Standbilder
Die Mädchen überlegen sich in den Vierergruppen typische Eigenschaften und Verhaltensweisen von Jungen. Und stellen diese in Standbildern dar. Sie suchen auch nach eigenem typischen Verhalten und bauen dazu gemeinsam ihre Standbilder.
Die Jungen überlegen sich in den Vierergruppen typische Eigenschaften und Verhaltensweisen von Mädchen. Und stellen diese in Standbildern dar. Sie suchen auch nach eigenem typischem Verhalten und bauen dazu gemeinsam ihre Standbilder.
Die Standbilder der Jungen und Mädchen werden gegenübergestellt.

»Was ich an Mädchen mag und nicht mag!« – »Was ich an Jungen mag und nicht mag!«
Ganz ähnlich wie in der vorherigen Übung werden in den Vierergruppen nun Standbilder zu mögen und nicht-mögen gesucht und dargestellt. Es kann sein, daß die Ergebnisse den anderen Aussagen gleichen.

Spielaufgabe:
»Was ich an Jungen/Mädchen mag/nicht mag!«
Die Spieler erfinden eine Szene zu: »Was ich an Jungen/Mädchen mag/nicht mag.« Als Ausgangspunkt, Höhepunkt oder Endpunkt kann in etwa ihr Standbild genutzt werden.

Werkstatteinblick

Die Spiele, Übungen und Improvisationen sind bereits für das Vorführen vor Zuschauern geeignet. Allerdings werden sie dafür sinn- und wirkungsvoll arrangiert. Sie werden für die Aufführung teilweise fest verabredet. Das heißt, es wird festgelegt, wer wann und wie etwas sagt oder welchen Weg, welche Bewegung, welche Stimmung dabei vorherrscht. Da die Inhalte noch sehr einfach sind, konzentriert sich das Spielgeschehen noch sehr auf die Form, Bewegung, Reihenfolge. Bei der Anordnung der einzelnen Beiträge achtet die Erzieherin auf deren Steigerung. Diese werden komplexer, inhaltlicher, aussagekräftiger. Die Übergänge sind nahtlos. Sind die Spieler noch im Kindergarten oder im ersten Schuljahr und ungeübte Spieler, begleitet und unterstützt die Erzieherin den Einblick von innen, das heißt, sie ist aktiv auf der Spielfläche dabei. So entsteht eine erste Form von Präsentation: der Werkstatteinblick.
Die Spieler haben sich in den Spielen als einzelne und als Gruppe erfahren und wahrgenommen. Auf dieser Ich-und-wir-Erfahrung und den ersten damit verbundenen Theaterübungen ist das kleine Arbeitsergebnis aufgebaut. Den Schwerpunkt »Mädchen und Jungen« habe ich hier exemplarisch ausgewählt, weil er vielleicht für viele Gruppen und viele Altersgruppen interessant ist.
Allerdings sind die Spiele und Übungen leicht auf andere Inhalte und Themen übertragbar. Es wäre deshalb gut, wenn Sie bereits beim Lesen Ideen für ihren eigenen Werkstatteinblick erhalten. Dieses Grundmuster kann man noch unendlich verbessern und noch viel szenischer oder theatraler gestalten.

Raum erkunden
Der Aufführungsraum wird für den Werkstatteinblick vorbereitet. Die Zuschauerfläche ist für die Spieler klar ersichtlich und abgegrenzt, die Erzieherin deutet beim Proben durch zwei, drei Stühle an, wo die Zuschauer sitzen und das Spiel wird danach ausgerichtet. Ebenfalls ist die Spielfläche bzw. Bühne

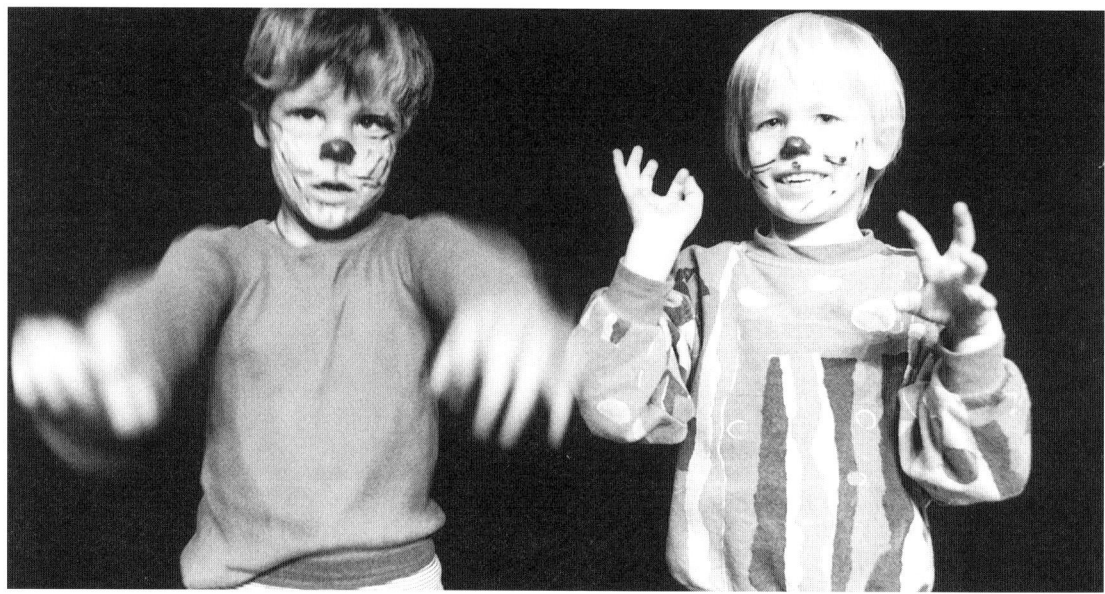

deutlich mit Auf- und Abgängen versorgt. Die Spielfläche ist markiert, z.B. mit einem Band abgeklebt. Als Hintergrund wäre eine einfarbige Fläche geeignet.

Verkleiden

Beim folgenden Werkstatteinblick und allen weiteren halte ich eine Verkleidung in irgendeiner Form – und mag es noch so einfach und wenig sein – für das Spiel der Kinder für sehr wichtig.

Für mich sind Aufführen und Verkleiden miteinander verbunden. Meine Spieler sind eigentlich immer im Kostüm, wenn sie vorführen. Gerade wenn Ausstattung, Bühnenbild und Requisite minimal oder eigentlich nicht vorhanden sind, bleibt ja nur der Spieler. Um so mehr fällt der Spieler dem Zuschauer ins Auge. Also wenn es irgendwie geht, besorgen Sie und Ihre Spieler etwas zum Verkleiden. Bei dem Projekt »Mädchen und Jungen« bietet sich allerlei an.

Vorschläge:
- Alle Mädchen und Jungen sind schwarz gekleidet. Egal was für Sachen, eben alles schwarz, die Kleidung sollte nur nicht zu weit sein. Vielleicht schwarzes T-Shirt und schwarze Hose.
- Die Mädchen tragen alle Röcke, die Jungen alle Hosen. Keine gemusterten Sachen, sondern eher in den Grundfarben.
- Die Jungen tragen Röcke und die Mädchen Hosen. Das werden die Spieler wahrscheinlich nicht machen.
- Die Mädchen tragen blaue (gelbe) Kleidung, die Jungen grüne (rote). Oder schwarz und weiß.
- Alle Farben sind vertreten, und zwar gibt es immer ein Paar. Einen hellblauen Jungen und ein hellblaues Mädchen usw.
- Auf den Köpfen sind möglichst viele Mützen und Kappen.

Schminken

Die Spieler haben alle einen einfachen hautfarbenen Grundteint aus Make-up im Gesicht und danach wird abgepudert. Darauf ist etwas Rouge für die Wangen. Die Lippen sind entsprechend den Kostümfarben oder in Rottönen geschminkt. Die Augenbrauen sind durch Farben betont, auch hier kann man von braun und schwarz abweichen und Farben wie blau und grün nehmen. Das Augenlid bekommt eine Farbe, und ein oberer und unterer Lidstrich wird gezogen.

Projekt »Mädchen und Jungen« – eine Werkschau

Elsa, 13 Jahre: »O ja, einen Jungen spielen, das ist klasse. Dann bin ich jemand ganz anderes.«

Namenspiel

Der erste Spieler betritt die Spielfläche, er geht auf seinen Platz und stellt sich mit Namen und einer Bewegung vor. Danach friert er ein. Nacheinander gehen die Spieler alle auf ihre Plätze und stellen sich vor. Die Aktion läuft zügig durch. Sie stehen dem Publikum zugewandt. Sie verdecken sich nicht gegenseitig, sie sind kreuz und quer auf der Spielfläche verteilt, in ihren Standbildern sehr verschieden, auch verharren sie in anstrengenden Ausdrucksformen. Bis der letzte Spieler auf der Spielfläche ist.

Durch ein akustisches Signal, wie ein Klatscher mit den Händen, ein Schlag auf dem Klanghölzchen, ein Fußstampfer oder auch Worte, wie »ich« o.a., oder einen Fingerzeig usw. leitet die Erzieherin den zweiten Schritt ein.

Die Gruppe und Ich-Standbilder
Ich-Standbild

Alle Spieler rufen: »Ich!« und zeigen mit dem Finger stark übertrieben auf sich. Sie verändern dabei ihre Position. Die emotionale Grundlage für die Ich-Position kann sich an den folgenden Emotionen orientieren: Macht euch wichtig, bemerkbar, deutlich, übertreibt, gebt an. Oder seid voll Freude, wütend oder trotzig. Ihr fühlt euch als Tier, Pflanze oder Gegenstand.

Alle: *»Ich bin!«* Alle erklären nacheinander in ihrem Standbild ganz klar, was sie darstellen:
»Ich bin wichtig! – Ich bin ein Baum! – Ich bin der Tiger! – Ich bin wütend! ...« Wer dran war, duckt sich oder dreht den Rücken zum Zuschauer.

Du-Standbild

Alle Spieler rufen nacheinander: »Du!« und zeigen mit dem Finger auf einen anderen in der Gruppe. Mit dem gemeinsamen Du wird das Aufeinanderzugehen eröffnet.

Das Körpernetz

Die Spieler bleiben auf ihren Plätzen, versuchen sich aber, kreuz und quer mit den Füßen und Händen zu berühren. Dieses spannungsvolle Netz aus Körpern, Armen und Beinen versuchen sie, einen Moment zu halten, evtl. innerlich bis fünf zählen, als Hilfe auch laut von der Erzieherin unterstützt.
Alle: *»Du bist bei mir!«* oder *»Ich will zu dir!«*

Führen und folgen im Raum

Das Bild wird ganz ruhig aufgelöst, die Spieler teilen sich blitzschnell in die Gruppe der Jungen und Gruppe der Mädchen. Die beiden Gruppen bewegen sich im Raum. Je ein Junge und je ein Mädchen führen die Gruppen an. Sie zeigen jeweils drei sehr verschiedene Arten zu gehen und bleiben dann gleichzeitig getrennt stehen.

Mädchen- und-Jungen-Standbilder

Die Jungen rufen: *»Die Mädchen!«*, machen eine auffordernde Geste, und die Mädchen bilden ihr Standbild »Mädchen«. Die Standbilder werden mit Körperkontakt geformt, sie geben eine geschlossene Position wieder. Die Standbilder drücken Freude, Stärke, Gemeinsamkeit, Geheimnis usw. aus. Statt der abstrakten Themen können auch Pflanzen, Tiere oder Dinge dargestellt werden, die den Mädchen wichtig sind, oder die sie schön finden. Jedenfalls das, was die Mädchen über sich ausdrücken wollen. Die Titel der Standbilder werden angesagt.
Ein Junge könnte als Sprecher fungieren und etwas über Mädchen sagen: *»Ich mag Mädchen.«*
Aus ihrem Standbild heraus sagen die Mädchen: *»Jungen!«*, und die Jungen bilden ihre Standbilder mit dem Thema Kampf, Neugierde, Freude, Stärke usw. oder mit Pflanzen, Tieren oder Dingen.

Mädchen und Jungen im Spiegel

Die Mädchengruppe und die Jungengruppe stehen sich in zwei Reihen gegenüber, und die Jungen spiegeln die Bewegungen der Mädchen und die Mädchen die Bewegungen der Jungen. Sie verwenden dafür die angeblich typischen Mädchen- und Jungengesten, -blicke, -gewohnheiten. Je nach Bedürfnis der Gruppe kann das sehr friedlich und mit Akzeptanz passieren oder auch eine gegenseitige »Anmache!« sein.

Spielaufgabe:
»Was ich an Jungen/Mädchen mag/nicht mag!«
Die Spieler zeigen einige kleine Szenen zu: »Was ich an Jungen/Mädchen mag/nicht mag!« Der Ausgangspunkt, Höhepunkt oder Endpunkt soll in etwa ihr Standbild sein.

Wir-Standbild
Eine Gruppe, eine Schulklasse, eine ...
Alle flüstern mehrmals: »Wir, wir, wir, wir.« Langsam steigern die Spieler die Lautstärke, während sie wie geschmeidige Tiger aufeinander zugehen, Mädchen und Jungen sich vermischen und das Standbild »wir« formen. Dazu Stichworte wie: Vertrauen, Knoten, Höhle, Berg usw. Das Standbild wird eine Weile gehalten, im Kopf bis fünf oder acht zählen. Die verschiedenen Standbilder zum Wir-Thema folgen fließend eines nach dem anderen mit leichten Zwischenstops.

Ihr-Standbild
Die Spieler teilen sich in drei gemischte Gruppen auf. Die Gruppen rufen sich nacheinander ein fragendes »Ihr?« entgegen.
Die Gruppen können sich als Bild charakteristisch unterscheiden: Gruppe A als Baum, Gruppe B als Zaun, Gruppe C als Stern. Die Standbilder sind dadurch in ihrer Wirkung stark unterschiedlich.

Sie-Standbild
Alle Spieler bilden eine Reihe parallel zu den Zuschauern. Sie zeigen auf die Zuschauer und sagen freundlich aber bestimmt: »Sie! Sie! Sie?« Die Spieler drehen sich zur Seite und gehen hintereinander wie ein Zug oder eine Schlange in den Hintergrund der Spielfläche. Sie stellen sich wieder als Reihe leicht im Halbkreis auf.

Spielszene: »Was ich gerne mache!«
Erste Gruppe: Die Spieler kommen in Vierer- bis Sechsergruppen aus dem »Off« Eine Sprecherin stellt die Tätigkeit der Gruppe vor. Die Sprecherin kann nach der Gruppe wechseln. Jede Gruppe macht drei bis vier Tätigkeiten.
Sprecherin: »*Was ich gerne mache.*«
Die Gruppe geht auf die Spielfläche, kompakt angeordnet, z.B. zwei vorn, drei hinten. Sie rennen auf der Stelle mit intensiven Arm- und Beinbewegungen. Stop. Einfrieren in der Position.
Sprecherin: »*Ich renne gerne.*«
Die Gruppe beginnt mit ihrer neuen Tätigkeit. Die Spieler essen jeder für sich ein imaginäres Eis mit lauten Schmatzgeräuschen.
Sprecherin: »*Ich esse gerne Eis.*«
Die Gruppe atmet tief ein und formt mit dem Mund Singbewegungen, die Arme untermalen die Melodie. Wichtig: Alle imaginieren das gleiche Lied.
Sprecherin: »*Ich singe gerne.*«
Die Gruppe geht geschlossen ab. Die Sprecher lösen sich mit einer symbolischen Handlung oder Geste ab. Sie klatschen sich an, winken sich zu, verneigen sich zueinander oder wechseln einen Hut bzw. geben einen Hut weiter.
Zweite Gruppe: »*Tschong, tschong!*«
Sprecherin: »*Ich spiele gerne Ball.*«
Gruppe: »*Klick, ahh, klick, ohh, klick!*«
Sprecherin: »*Ich schaue gerne fern.*«
Gruppe: »*Schlürf, schlürf, schlürf!*«
Sprecherin: »*Ich trinke gerne Saft.*«
Break (Bruch): »*Ich falle, ich schreie, ich tobe!*«
Die Tätigkeiten werden pantomimisch, überdeutlich dargestellt, gehalten und eingefroren.

»Was ich fühle!« oder »Wer ich bin!«
Nach dem selben szenischen Schema kann die Erzieherin mit den Spielern zum Thema Gefühle und Eigenschaften arbeiten und die Sequenz an dieser Stelle einbauen.
Erzieherin: »*Was fühle ich?*«
Die Gruppe macht Bewegungen zum Starksein. Die Spieler ächzen, lassen die Armmuskeln spielen und

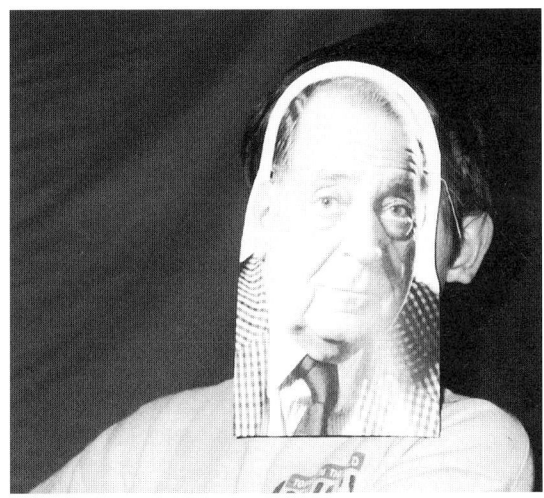

stemmen einen imaginären Gegenstand.
Erzieherin: »*Ich fühle mich stark!*«
Die Gruppe wedelt rhythmisch mit den Armen, macht einen Sprung und friert ein.
Erzieherin: »*Ich bin gut drauf!*«
Die Gruppe lehnt den Oberkörper nach vorn, schnüffelt, schnuppert und zeigt auf die Nase.
Erzieherin: »*Ich bin neugierig!*«

Wer führt?
Die Spieler stellen sich in einem großen Halbkreis auf. Sie haben vorher verabredet, wer führt. Der Vormacher bewegt sich zum Thema Verzaubern, Geheimnis und/oder Abschied.

»Wir haben Theater gespielt!«
Die Gruppe spricht gemeinsam den folgenden Schlußtext:
»*Wir haben Theater gespielt* – (Arme öffnen),
für euch – (auf das Publikum zeigen),
von uns – (auf sich selbst zeigen),
es hat uns Spaß gemacht – (Drehung um eigene Achse),
wir verneigen uns – (verneigen),
auf Wiedersehen!« (winken)

Mit diesem Text und den gemeinsamen Bewegungen verabschieden sich die Spieler von ihrem Publikum.

Aus der Papiertheaterwerkstatt
Projekt »Welche Maske paßt zu mir?«

Jeder Spieler macht sich gerne seine eigene Maske. Über die Maske erfährt oder erlebt der Maskenbauer ein Stück von sich selbst. Hält der Spieler die Maske in der Hand und betrachtet sie, stellt er fest, sie ist ihm vertraut und fremd zugleich. Jede Maske hat ihr Eigenleben. Beim Aufsetzen merkt der Maskenspieler die Veränderung. Seine Sicht ist fremd und eingeengt, dadurch werden das Blickfeld und die Welt kleiner, und alles ist schwieriger zu erfassen. Der Maskenspieler ist langsamer, vorsichtiger, ängstlicher aber auch mutiger. Der Spieler merkt, wie sein ganzer Körper ihm helfen muß, den Kopf zu drehen, hinzuschauen. Einfache Aktionen, wie gehen, setzen, drehen, winken, sind beim Maskenspiel oft schon genug. Aber im Schutz der Maske passiert auch manchmal etwas, was der Spieler sonst nicht machen würde.

Wege, Bewegung und Begegnung mit der Maske
Die Spieler gehen über die Spielfläche. In der Mitte der Spielfläche machen sie einen Stop.
Variation 1:
Die Spieler lassen sich von ihrer Maske zu einem Gang inspirieren. Der Gang bekommt einen Impuls von den Armen oder von den Beinen. Die Spieler gehen mit einem bestimmten Gefühl, das sie ihrer Maske zuordnen.
Variation 2:
Beim Stop in der Mitte der Spielfläche beziehen sie sich auf die Zuschauer. Sie winken oder schauen, sie suchen nach einem Ausdruck mit den Händen.
Variation 3:
Beim Stop erfinden sie eine kleine Improvisation zu den Themen: etwas hören – etwas sehen – etwas spüren.
Variation 4:
Zwei Maskenspieler treffen in der Mitte der Spielfläche aufeinander.

Einfache Maske
Die Spieler sitzen im Kreis. Die Erzieherin verteilt Scheren, Stifte, dünnen Karton oder etwas festeres Papier. Sie gestalten ein einfaches Maskengesicht. Sie schauen genau, daß sie durch die Maske sehen können und daß ihre Nase durch das Nasen-Maskenloch paßt, an welcher Stelle ihr Mund ist und wo der Mund der Maske ist.

Was-mir-gefällt-Maske
Die Spieler machen wieder eine Ganzgesichtsmaske, die sie dann farbig gestalten.
Heraus kommen Clowns, schöne Leute, Monster, Verbrecher, Bösewichte...

Masken aus Zeitschriften
In Zeitschriften suchen die Spieler nach lustigen, seltsamen und allen möglichen Gesichtern und Köpfen.
Sie werden ausgeschnitten und auf Karton geklebt.

Teile aus dem Gesicht als Maske
Die Spieler basteln sich Zunge, Auge, Nase, Mund und Ohr. Sie sind größer als in der Realität und werden wie Masken getragen oder vor das Gesicht gehalten. Das Gesicht des Spielers wird dadurch lustig, aggressiv, unheimlich oder komisch. Auf jeden Fall sieht es ver- oder entfremdet aus und regt an, sich ein bestimmtes Kostüm zusammenzusuchen und einen passenden Gegenstand auszuwählen.
Die seltsame Figur begibt sich auf die Spielfläche und spürt ihre Wirkung. Die anderen Figuren ordnen sich zu. Gemeinsam bilden sie ein verrücktes Standbild.
Alle Masken erhalten ein Hut- oder Hosengummi. Die Löcher, die die Gummibänder halten, werden mit Karton verstärkt. Das Gummiband wird am Kopf des Spielers angepaßt.
Alle Masken können getragen werden.

Zeitungstheater

Die Zeitung ist auf drei Ebenen – als Kostüm, als Requisit und als Text – ein fantasievolles, anregendes und praktisches Material. Ich stelle immer wieder fest, daß dieses mit allen Altersgruppen funktioniert.

Zeitung als Kostüm
Mit Zeitungspapier können die Spieler sich verrückte, ausgefallene Kostüme fertigen. Mit Hilfe von Gummibändern, Schnüren, Klebestreifen, Heftklammern und Sicherheitsnadeln werden die Zeitungen an Kopf und Körper befestigt. Sie können zurechtgeschnitten und -gerissen werden.
Es entstehen Zeitungsprinzessinnen, Zeitungsmonster, Zeitungssoldaten...

Die Zeitungsfiguren präsentieren sich
Für die Präsentation der Zeitungsfiguren wählt die Erzieherin drei oder vier Raumübungen wie: Führen und Folgen im Raum (siehe Kap. Identität, S. 20), Formen im Raum (siehe Kap. Identität, S. 22), Spiegeln (siehe Kap. Identität, S. 24), Schattenwege (siehe Kap. Freundschaft, S. 40).
Variation 1:
Die Wege werden mit Musik untermalt. Durch die Musik ergibt sich eine Atmosphäre, die die Spieler in ihrer Geh- und Bewegungsweise sowie Stimmung beeinflußt oder inspiriert.
Variation 2:
Zu den folgenden Titeln erfinden, die Spieler in Vierergruppen eine Aktion. Sie bauen das Spiegeln, die Schattenwege, das Führen und Folgen ein: Die Zeitung als Versteck. Die Zeitungsfiguren rascheln. Die Zeitungsfiguren tauchen auf. Die Zeitungsparade. Die Zeitungsmodenschau.

Zeitung als Requisit
Die Spieler haben alle einen doppelten Zeitungsbogen und stehen im Kreis. Reihum geben sie der Zeitung eine neue Bedeutung. Die Zeitung wird zum Handtuch, zum Stock, zum Fächer, zum Rock usw.

Variation:
Die Spieler erfinden in Dreiergruppen eine Szene, in der die Zeitung zweimal (mehrmals) ihre Bedeutung verändert.

Zeitung als Textmaterial
Die Spieler bilden Vierer20gruppen und suchen sich drei oder vier Schlagzeilen oder Titelüberschriften aus der Zeitung und bilden dazu ein entsprechendes Standbild.
Variation 1:
In das Standbild bauen sie die Zeitungsbögen mit ein.
Variation 2:
Beim Präsentieren sagen sie ihre Schlagzeile an und bilden das Standbild.
Variation 3:
Sie spielen mit dem Inhalt der Schlagzeile ein Szene.
Variation 4:
Die Spieler bilden einen Dialog aus Schlagzeilen. Jeder Spieler spricht eine Schlagzeile und drückt sie mit Körpersprache und Gestik aus.
Es ist ein Streitgespräch, eine freundliche Unterhaltung, ein Zauberspruch usw.

Klopapierrollentheater

Die Klopapierrollen können ebenso wie Zeitungspapier, Packpapier, Tapetenrollen zum Gestalten von sehr individuellen und verrückten Kostümen und Figuren inspirieren.

Klopapierrollenstandbilder
Die Spieler bilden Zweiergruppen. Die Spieler suchen sich gemeinsam Requisiten, wie Regenschirm, Handtasche, Stuhl, Stock, Hut, usw., die sie in das Standbild mit einwickeln werden. Ein Spieler wickelt den anderen ein.
Variation 1:
Die Standbilder bekommen einen Titel.
Variation 2:
Der Spieler, der das Standbild gestaltet hat, erfindet eine kurze Geschichte zu seinem Standbild.
Variation 3:
Der Spieler des Standbildes erfindet eine Geschichte zu seinem Standbild.
Variation 4:
Die Spieler erfinden einen Dialog miteinander, in dem sich die Situation des Standbild Spielers erklärt.
Variation 5:
Die Spieler machen die Aktion zu viert. Zwei Spieler umwickeln die zwei anderen.

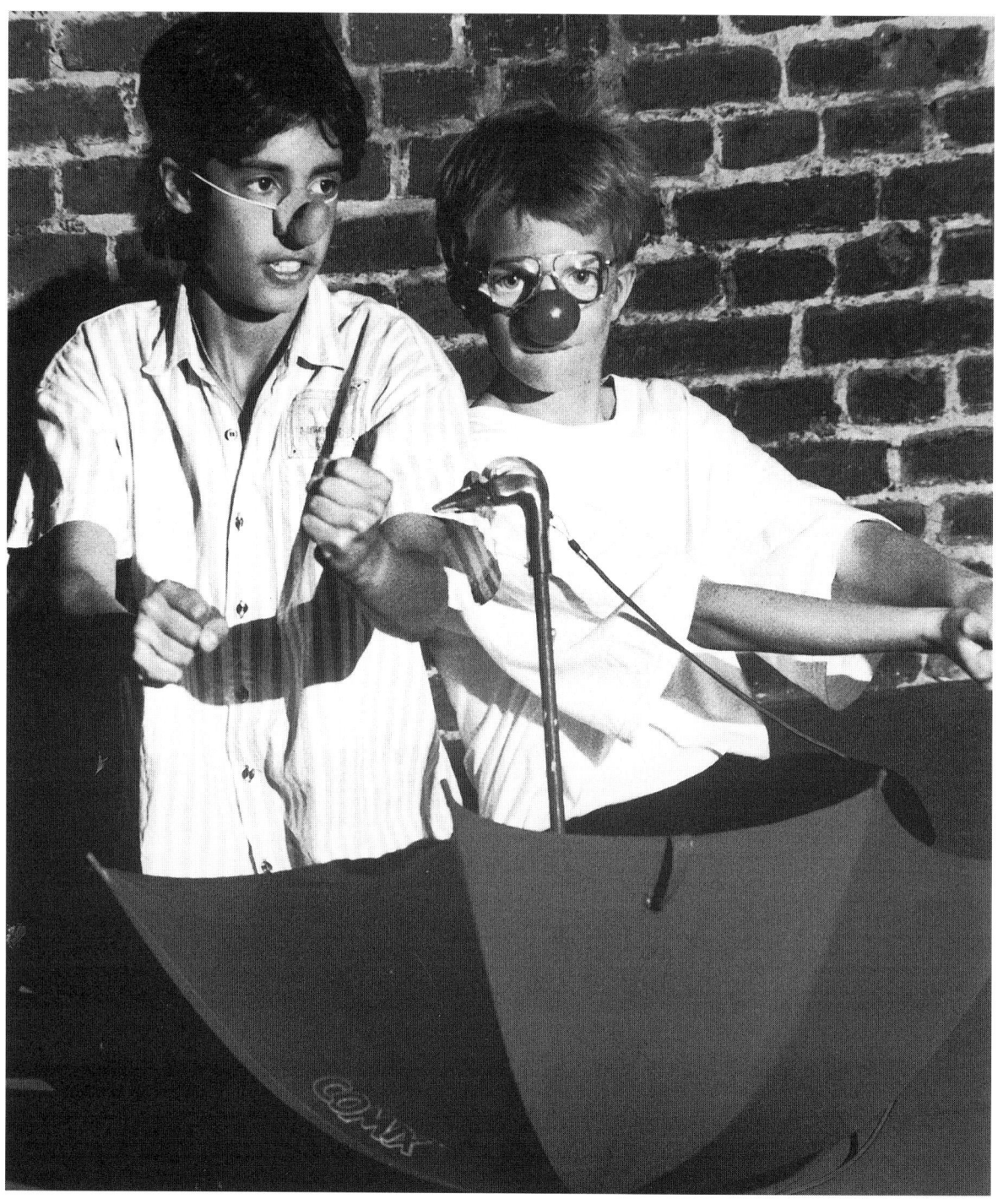

Die Clownwerkstatt – das Clownspiel

Das Clownspiel, ein Thema, das immer wieder begeistert. Die Kinder haben den Wunsch, den Clown aus sich hervorzuzaubern, auszuleben und kennenzulernen. Sie wollen gerne einmal schwach sein, dumm sein, voller Fehler und trotzdem oder gerade deshalb im Mittelpunkt stehen und beklatscht werden. Ob dieser Clown nur eine Wunschidentität ist oder ein Teil von uns ist, eine Seite, die immer in uns schlummert und doch so gerne mal herausschauen möchte, her damit!

Ausgangssituation
Eine Gruppe hat sich entschlossen, Clowntheater zu spielen. Ich bin eingeladen, das Thema einzuführen und zu eröffnen. Zur Einstimmung haben sich die Spieler bereits ein Kostüm zusammengestellt und Gegenstände gesammelt. Ein paar Sachen fehlen noch, doch wir machen uns auf die Suche, und ich plündere meinen Theaterfundus.

Wie ein Clown aussehen!
In der Verkleidungskiste der Klasse oder zu Hause finden die Spieler alte Hosen, bunte Kleider, große Hemden oder lange Röcke, die sich, wenn sie zu groß oder zu eng sind und einfach nicht zusammen passen wollen, gut für das Clownkostüm eignen. Noch ein Hut, eine Perücke oder Mütze auf den Kopf und ein Requisit (Gegenstand) wie Tasche, Regenschirm, Koffer, Seil, Schrubber, Flasche, Luftballon, Klobürste (neu) oder Kochlöffel in die Hand, und los geht's!

Manege frei!
Clowns brauchen Platz. Der Gruppenraum wird verändert, die Tische kommen an die Seite oder auf den Flur, und die Stühle stehen im Kreis wie eine Manege angeordnet. Auf einem Kassettenrecorder wird Musik eingespielt: Zirkus Roncalli, Faschingsschlager oder einfach aktuelle Lieblingshits der Spieler.

Der Clown hat eine rote Nase
Alles ist vorbereitet, alle freuen sich, und aus einen Sack mit roten Nasen erhalten die Kinder eine Nase. Ich bin in der Mitte der Manege und zeige den Spielern, wie sich mein Verhalten verändert, wenn ich mir die Nase aufsetze.
Meine Körperanspannung wird stärker, ich spreche nicht mehr, ich schaue ganz intensiv mit großen Augen und winke schüchtern, lächle. Ich ziehe die Nase ab.

Der Clown begrüßt
Reihum setzen die Spieler nun ihre Nase auf und werden zum Clown.
Einer nach dem anderen steht auf, geht, wenn er will, in den Kreis und begrüßt auf seine Weise, ohne Worte.

Der Clown geht eine Runde
Nun geht jeder Clown eine Runde in der Manege. Ich beginne, ich habe eine spezielle Art zu gehen, ich schlendere etwas verträumt. Die Spieler sind aufgefordert, ihre Gangart zu finden. Die Clowns gehen ihre Runde noch mal zur Musik.

Was ein Clown macht
Die Clowns verteilen sich im Raum und laufen kreuz und quer. Ein Clown soll in verschieden langen Abständen die Musik anhalten. Beim Musikstop frieren die anderen ihre Bewegung ein.
Das Spiel wiederholt sich ein paar Mal mit möglichen Veränderungen: Die Clowns wechseln die Geschwindigkeit, sie laufen mal schnell, mal langsam, mal in Zeitlupe, mal hektisch. Mit Gefühl gehen: leicht, schwer, verliebt, traurig, böse, feenhaft, ungestüm, geisterhaft, robotermäßig. Die Clowns suchen ihren speziellen persönlichen Clownsgang (torkeln, springen, schlendern, zögern).
Wenn die Musik stoppt, suchen sie sich schnell eine Partnerin und bauen zusammen ein Clownstandbild.
Zum Beispiel zwei Clowns in Siegerpose oder als Reiterdenkmal oder in Umarmung oder im Kampf.

Der Clown hat einen Namen

Die Clowns bilden einen Kreis, reihum sagen sie ihren Clownsnamen, z.B. »Pernelli«, »Knödel«, »Erbse«, »Charlie«, und machen dazu eine Bewegung. Alle anderen sprechen den Namen und machen die Bewegung nach.

In der zweiten Runde sagen die Clowns ihren Traumberuf, z.B. *Ich wäre gerne Dirigent.* Sie stellen ihren Traumberuf pantomimisch dar.

Die Clowns tun sich zusammen

Die Clowns finden sich in Zweier- und Dreiergruppen zusammen. Sie wählen ihre Spielpartner nach Sympathie aus. Hier spielen klein und groß zusammen.

Clownparade

Zur Musik laufen die Clowns in ihren verschiedenen Schritten ein. Nacheinander springen sie in die Manegenmitte und geben dort ihre spezielle Begrüßung, vielleicht Namen, Beruf oder Lieblingstätigkeit, zum besten.

Die Clowns haben einen Gegenstand

Die Clowns sitzen im Kreis. Ich lege mir eine Klobürste in die Manege, ziehe meine Nase auf und entdecke die Klobürste. Ich weiß nicht um ihre wahre Bedeutung. Ich nähere mich vorsichtig und probiere dann einiges aus. Die Klobürste wird zum Kamm, zur Keule, zur Zahnbürste. Andere Clowns kommen in die Manege und improvisieren mit der Klobürste. Alle haben verstanden, daß der Gegenstand seine Bedeutung verändern kann. Nun wählen sich alle verschiedene Gegenstände. Die Clowns stehen im Kreis und machen reihum etwas mit ihrem Gegenstand. Für den Clown ist es selbstverständlich, daß der Besen zum Freund, der Schirm zum Segel, der Koffer zum Boot, die Tasche zum Fächer werden kann.

Die Clowns erfinden ein Thema

Mit ihren Partnern gestalten die Clowns eine Szene mit einem oder zwei Gegenständen. Der Gegenstand soll zweimal seine Bedeutung und den Besitzer wechseln. Die Spielanweisung ist als Anregung gedacht und sollte nicht einengen. Wenn also eine Gruppe andere Bedürfnisse hat, sollte man darauf eingehen. Die Gruppen arbeiten alle gleichzeitig in den verschiedenen Ecken des Raumes und in den Fluren. Manche Spieler sitzen und beraten sich, andere sind in voller Aktion, wieder andere probieren zögernd aus. Die Erzieherin und ich gehen von Gruppe zu Gruppe, beraten und verstärken da, wo es notwendig ist. Es herrscht eine rege, aktive Stimmung.

Clowns erfinden ein Thema – weitere Angebote

Manche Spieler brauchen aber eine konkretere oder einfach eine andere Anweisung: Zwei Schüchterne wollen sich kennenlernen, aber... Einer erschrickt vor etwas, gemeinsam besiegen sie den angeblichen Feind (Gegenstand). Alle wollen das Gleiche haben und versuchen, sich gegenseitig zu überlisten. Einer verliert immer etwas, der andere findet es immer. Sie wollen ein Kunststück machen, es mißglückt, bis überraschend ein anderes gelingt. Alle wollen auf derselben Stelle stehen, mit Ablenkungsmanövern locken sie sich gegenseitig weg.

Die Clowns zeigen ihre ersten Ergebnisse

Nach einer Weile treffen wir uns wieder im Stuhlkreis. Die Gruppen spielen ihre kleinen Szenen vor und erklären sie, falls notwendig. Zwischen den Beiträgen der Spieler sind große inhaltliche Unterschiede. Sie liegen auch in der Darstellungsweise und Qualität weit auseinander. Die Szenen bleiben alle für sich so stehen, werden gelobt.

Clownenergien

Zum Abschluß durchleben alle gemeinsam die Clownenergien. Die Clowns stehen im Kreis. Der Clown reagiert meistens extrem. Die verschiedenen Stufen der Energie werden ausprobiert. Wir fangen mit wenig an und steigern den Zustand: schlafend, müde, normal, nervös, hektisch, panisch/freudig, aggressiv/traurig.

Alle gehen nacheinander die Stufen durch und suchen dafür entsprechende Ausdrucksmöglichkeiten. Alles wird übertrieben.

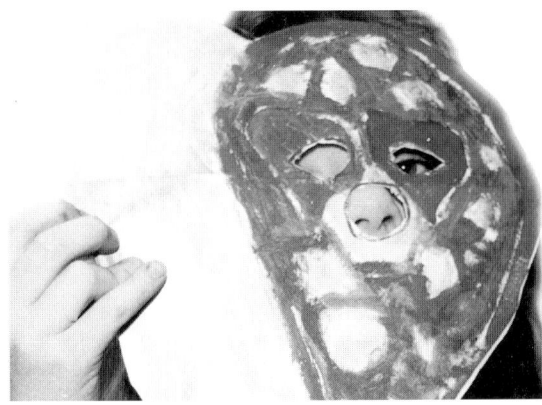

Die Clowns schreiben auf

In dieser der ersten Improvisationsphase finden die Clowns ihre Grundidee und die Struktur ihrer Szene. Die Clowns schreiben ihre Szenen auf. Das Fixieren des Textes in dieser ersten Phase ist notwendig und ganz spannend. Oft bleiben die Gruppen bei der ersten spontanen Grundidee. Allein, daß sie gemeinsam entscheiden, sich einigen und es auch noch konkret ausprobieren, bedeutet schon sehr viel. Es ist als ein Zeichen von großer Produktivität zu werten. Das Fixieren der Szenen kann von der Erzieherin erfolgen. Bei den Kindergartenkindern reichen kurze Stichpunkte, die Szenen können im Ablauf sehr offen gehalten werden, weil ein genaues Festlegen nicht der Altersgruppe entspricht.

Wir gehen heut als Clowns los

Alle Clowns stehen im Kreis. Zu dem folgenden Text, den ich vorspreche und spiele, bewegen sich alle und sprechen mit:

»*Wir gehen heut als Clowns los,* (auf der Stelle gehen, Arme angewinkelt)
und wir freuen uns sehr, (still stehen, Arme öffnen)
denn wir haben eine rote Nase (auf die Nase zeigen)
und ganz bunte Kleider. (auf die Kleider zeigen)
Oh, was ist denn das? (Hand zeigt in die Kreismitte)
Ach, das ist das Zirkuszelt.
Da können wir nicht drüber, (Arme hoch)
da können wir nicht drunter (sich bücken und Arme nach unten)
und auch nicht drum herum, (sich um die eigene Achse drehen)
da müssen wir rein. (in die Kreismitte zeigen)
Vorhang auf, Vorhang auf! (mit den Händen einen imaginären Vorhang öffnen)
Wir gehen heut als Clowns los, (auf der Stelle gehen, Arme angewinkelt)
und wir freuen uns sehr, (still stehen, Arme öffnen)
denn wir haben eine rote Nase (auf die Nase zeigen)
und ganz bunte Kleider. (auf die Kleider zeigen)
Oh, was ist denn das? (in die Kreismitte zeigen)
Das sind ja alles Clowns.
Da können wir nicht drüber, (Arme hoch)
da können wir nicht drunter (sich bücken und Arme nach unten)
und auch nicht drum herum, (sich um die eigene Achse drehen)
da müssen wir hin (in die Kreismitte zeigen).
Hallo du, hallo du! (Sie winken sich einander zu.)

Dieser Text ist die veränderte Fassung von: »*Wir gehen heute auf Bärenjagd*« (vgl. Kap. Gefühle, S. 56). Die Spieler können sich leicht den Text merken, da jedes Wort mit eingängigen Bewegungen verbunden ist. In der Wiederholung des Spiels können sie den Text meist auswendig.

Die Clowns malen

Die Spieler malen sich alle als Clowns. Es entstehen wunderbare Portraits.

Auftritt der Clowns

Die Clownszenen sind so individuell und verschieden wie die Spieler selbst. Alle haben sich ihr spezielles Thema gesucht. Für die Aufführung werden die Eltern eingeladen. Alle Spieler sind als Clowns geschminkt. Der Raum wird für die Aufführung hergerichtet. Die gemalten Clownportraits schmücken zum Beispiel die Rückwand, die Spieler sitzen erwartungsvoll rechts und links von der Spielfläche. Das Programm besteht aus den folgenden Punkten: »Wir gehen heut als Clowns los...« – das Bewegungsspiel. Die Clownparade. Die Clownszenen. Bei der Präsentation haben sie ihre ersten Erfolge und Lacher.

Zweites Kapitel: # Freundschaft

Elsa, 13 Jahre: »Ich würde auf der Bühne gerne eine Szene spielen, in der zwei Freundinnen zusammenhalten, sich alles erzählen, sich gegenseitig trösten und zusammen lachen können.«

In allen Theaterstücken, die ich bisher mit Kindern und Jugendlichen entwickelt habe, ist Freundschaft als Thema präsent. Je nach Alter und Entwicklungsstufe findet Freundschaft in verschiedenen Stadien und Intensitäten statt. In manchen Szenen lernen die Freunde sich kennen, erleben sich gemeinsam und halten zusammen, bis es eine richtige Freundschaft wird.

In anderen Szenen bestehen sie als Freunde ihre Abenteuer und sind extremen Prüfungen ihrer Freundschaft ausgesetzt. Manchmal entzweien sie sich, können sich aber versöhnen.

Spielideen zum Thema »Freundschaft«

Begegnen: Laufen – stop – einfrieren
Die Spieler gehen kreuz und quer im Raum umher. Sie berühren sich nicht. Sie nutzen den ganzen Raum. Die Erzieherin bestimmt und variiert durch Vormachen und Mitmachen das Lauftempo. Sie ruft: »*Stop!*« Alle frieren ihre Bewegungen ein.
Variation 1:
Ein Spieler nach dem anderen gibt nun den Laufrhythmus und das -tempo an. Die Spieler werden aufgerufen oder melden sich.
Variation 2:
Die Spieler erfinden besondere Schritte und Gangarten. Ein Spieler gibt nun die Gangart an. Die andern spiegeln den Vormacher.
Variation 3:
Die Spieler setzen bei ihren Schritten auch die Arme gezielt mit ein, um eine Gangart zu erfinden.
Variation 4:
Die Spieler imaginieren sich ein inneres Bild, eine Figur oder ein Tier und bestimmen ihre Gangart danach.

Im Raum: Begrüßen
Beim Stop begrüßen die Spieler einen anderen Spieler aus der Gruppe. Der Gruß besteht aus Worten und Gesten. Dem Einfallsreichtum sollten keine Grenze gesetzt sein. *»Hallo! Tag! Wie geht's? Wer bist du? Hi! Hey! Du! Dada!«* Die Spieler erfinden Begrüßungsgesten oder nehmen die seltsamsten Posen ein. Nacheinander stellen die Spieler ihre Variationen vor, und die Gruppe schaut zu.
Die Spieler begrüßen ihren zufälligen Nachbarn oder den Nächststehenden.
Variation 1:
Die Spieler begrüßen sich mit Worten, mit Gesten oder mit einer ganzen Körperbewegung.
Variation 2:
Gleichviel, ob die Spieler sich mit Wort, Geste oder Körper begrüßen, der erste Spieler beginnt mit einem Angebot, und der zweite reagiert. Seine Reaktion kann sehr verschieden sein vom Angebot. Er kann aber auch das Angebot des ersten Spielers nachahmen. Danach wechseln die Spieler ihre Position.
Variation 3:
Die Spieler begrüßen sich als Tiere.

Variation 4:
Die Spieler begrüßen sich mit verschiedenen Gefühlen.
Variation 5:
Spieler A spiegelt die Begrüßung von Spieler B.

Improvisation: Ein offenes Angebot machen
Die Spieler finden sich immer beim Begrüßen als Paar zusammen. Die Partner machen sich abwechselnd gegenseitig ein Angebot zum Spielen. Das heißt, Jule macht eine Bewegung, Geste, Körperhaltung zu Lisa und friert diese ein. Für Jule muß der Vorgang keinen Sinn machen oder keine Bedeutung haben. Lisa kann die Bewegung spontan ergänzen, damit auch interpretieren, und Jule bedankt sich. Jule formt ihre Hände, es könnte wie eine Schale aussehen und Lisa beugt sich mit dem Kopf darüber und trinkt daraus. Sie könnte aber auch mit ihren Fingern hineingreifen und etwas herausholen. Lisa kann aber auch ganz freundlich ablehnen, weil ihr spontan nichts einfällt. Lisa: »*Nein, danke!*« Darauf bietet sie selbst eine Bewegung an. Lisa öffnet die Arme, und Jule beklatscht sie oder hängt sich an ihren Hals oder versteckt sich hinter ihr.
Variation:
Die Spieler sprechen dazu. Es spricht derjenige zuerst, der das Angebot ergänzt.

Improvisation: ein Geschenk machen
Die Spieler finden sich wieder beim Begrüßen als ein Paar zusammen. Jantje schenkt Katrin einen imaginären Gegenstand. Jantje holt das Geschenk. Mit ihren Gesten, ihrer Mimik und ihrer Körpersprache macht sie Katrin deutlich, wie groß oder wie klein, wie schwer oder leicht, wie gefährlich, zerbrechlich usw. das Geschenk ist. Katrin erhält das Geschenk und packt es aus, öffnet es und verrät bzw. bestimmt, was für ein Geschenk es ist. Die Sprache wird erst wichtig beim Auspacken, wenn Katrin sagt: »*Ach, ein Ring! Das ist aber lieb, ein Freundschaftsring!*«
Variation:
Beim Öffnen bestimmt Jantje, was für ein Geschenk es ist.

Improvisation:
Ein Geschenk an einen Freund machen
Die Spieler stellen sich nun beim Beschenken einen bestimmten Freund vor. Was verändert sich da beim Improvisieren? Hilft es eher, oder engt es ein?

Im Raum: Kennenlernen – szenisches Spiel
Um die Gruppe neu durchzumischen und um andere Paare zu bilden, führt die Erzieherin »Begrüßen mit Kontakt« ein. Beim Stop suchen die Spieler sich ein neues Gegenüber.
Die Paare haben nun ausreichend Zeit, um die folgende Spielaufgabe auszuführen.

Begrüßen mit Kontakt (siehe Kap. Abenteuer)
Die Spieler gehen im Raum. Beim Stop finden zwei Spieler zueinander und begrüßen sich mit verschiedenen Körperteilen: Hand an Hand, Finger an Finger, Rücken an Rücken, Arm an Bein, Kopf an Schulter.

Spielaufgabe:
Kennenlernen oder Sich-näher- kommen
Zwei Spieler begegnen sich das erste Mal. Sie schauen sich an, beobachten sich, vielleicht machen sie irgend etwas. Nun kommen sie sich näher. Sie spielen und reden miteinander. Oder die Spieler kennen sich schon länger vom Sehen, nun kommen sie sich das erste Mal näher. Noch sind sie sich fremd, fühlen sich aber angezogen. Falls die Kinder im Spiel ungeübt sind, kann die Erzieherin mit allen zusammen im Kreis sitzen und gemeinsam mögliche Situationen sammeln. Zur Anregung kann sie die folgende Kennenlernsituation oder Näherkommsituation schildern.
Situation 1:
Auf der Straße beim Ballspiel. Zwei Spieler beäugen sich interessiert. Jeder spielt für sich. Zufällig rollt, fällt ein imaginärer Ball vom einen zum anderen. Ein Ballwechsel bzw. ein Spiel entsteht. Die Spieler beginnen, miteinander zu reden. Sie stellen sich einander vor.
Situation 2:
In der Klasse. Zwei Spieler schwätzen miteinander, sie verstehen sich. Endlich verabreden sie sich für den Nachmittag.

Diese einfache Kennenlernsituation kann mit zusätzlichen Aufgaben erschwert oder vertieft werden: Die Kinder gliedern ihre Spielszene in drei Standbilder auf. Sie spielen die Szene mit Kontaktübungen. (Vgl. Kap. Abenteuer, S. 80.) Sie spielen die Szene mit Berührungen. Sie tauschen innerhalb ihrer Szene die Rollen. Sie tauschen nach einmal Zuschauen mit einem anderen Paar die Szene und übernehmen dessen Rollen. Sie spielen ihre Szene in Zeitlupe. Sie spielen die Szene im beschleunigten Tempo, im Zeitraffer. Sie spielen die Szene rückwärts. Sie spielen die Szene, und eine Stimmung oder ein Gefühl dominiert alles. Ein Paar spielt seine Szene, und ein zweites Paar spiegelt sie.

Wortsammlung »Freund«

Im Kreis sammeln die Spieler gemeinsam Worte mit Freund, Freundin, Freunde, Freundschaft, Brieffreundin, Wanderfreund, Buchfreund, Fantasiefreund ...

Wie sieht ein Freund oder eine Freundin aus?

Auf diese Frage antworten sie: »*Mein Freund ist genau wie ich!*« – »*So alt wie ich.*« – »*Größer als ich.*« – »*Mein Freund sieht frech aus!*« – »*Mein Freund ist immer lieb!*« – »*Mein bester Freund ist unsichtbar!*« – »*Meine Freundin hatte lange Haare bis zum Boden!*«
Im Kreis stellen sie nacheinander ihren Freund mit einem Satz und den entsprechenden mimischen und gestischen Bewegungen dar.
Variation:
In der nächsten Runde malen die älteren Kinder ihren Freund mit den Händen in die Luft hinein. Die anderen ahmen die Luftmalerei nach.

Freunde im Spiegelbild

Die Spieler bilden Paare. Sie stehen sich frontal gegenüber und konzentrieren sich aufeinander.
Am Anfang spiegelt Thomas einfach nur die Bewegungen von Moritz und dann umgekehrt.

Jedes Kind hat seine liebsten oder sichersten Bewegungsmuster. Werden diese gespiegelt, erkennt es in seinem Gegenüber sich selbst. Wenn es umgekehrt die Bewegungen seines Gegenübers spiegelt, macht es neue oder andere Erfahrungen und fühlt sich in den anderen hinein.
Die Paare zeigen sich gegenseitig die Ergebnisse. Die Erzieherin leitet die Nachbesprechung ein.

Variation 1:
Die Bewegungen sind fließend und rund wie bei Wasserpflanzen.
Variation 2:
Die Bewegungen sind eckig und abgehackt wie bei Robotern.
Variation 3:
Die Spieler spiegeln ihre Gefühle.
Variation 4:
Nun spiegeln sie sich so, daß Außenstehende nicht erkennen können, wer die Bewegung anleitet.
Variation 5:
Die Spieler spiegeln ein Thema, wie Anziehen, Waschen, Telefonieren, Ballspiel.
Variation 6:
Die Spieler wechseln ihre Position von »Spiegel spielen« zu »in den Spiegel schauen«.
Sie sagen nicht den Wechsel an, es geschieht fließend.

Das Freundschaftsritual im Spiegelspiel

Stephan erfindet ein geheimes Freundschaftsritual aus Gesten. Das kann ein Schnipsen, ein Klatscher, ein Händereiben sein. Adam spiegelt seine Zeichen.

Variation 1:
Adam spiegelt versetzt, das heißt, eine Bewegung später, wenn Stephan schon die nächste einleitet.
Variation 2:
Die Spieler stehen im Kreis, und Stephan gibt seine Zeichen aus. Ein Spieler nach dem anderen nimmt die Bewegung auf.
Variation 3:
Die Spieler spiegeln gleichzeitig die Ritualbewegungen.

Was für Freunde gibt es?/ Ungewöhnliche-Freunde-Standbilder

Die Spieler sammeln gemeinsam Begriffe für ungewöhnliche Freunde: Kuscheltier, Haustiere, Außerirdische, Monster, Pflanzen, Roboter, Puppen ... Die Spieler formen sich zu Paaren nacheinander. Edda knetet aus Julia einen Teddybär.
Variation 1:
Edda berührt ihren Teddybär, und der Teddy bewegt sich.
Variation 2:
Die ungewöhnlichen Freunde begegnen einander. Die Barbie-Puppe trifft auf das Kuschelmonster und der Teddybär auf die Schmusedecke.
Variation 3:
Die ungewöhnlichen Freunde unterhalten sich in ihrer Sprache. Doch wie spricht der Teddy, das Monster, die Decke?
Die Spieler erfinden eine Nonsens- oder Grommolosprache. Jetzt sind alle die dran, die eben geknetet wurden. Julia formt aus Edda einen Hund.

Eine Freundgeschichte gemeinsam im Kreis erzählen

Bei dieser Reihum-Geschichte erzählen die Spieler gemeinsam eine Geschichte. Sie achten darauf, daß die Anschlußsätze logisch sind und die Inhalte zueinander passen.
Tini beginnt: »*Ich habe einen Freund, er heißt Berti, und er kann alles.*« Sophie-Bo: »*Meistens macht er, was er will.*«
Variation 1:
Jedes Kind sagt einen Satz. Es geht reihum weiter.
Variation 2:
Die Spieler sprechen so lange, wie sie wollen und zeigen dann auf den nächsten.
Variation 3:
Die Erzieherin bestimmt, wann es weitergeht und wer weitermacht.
Manchmal sind die Geschichten sehr theatral und zu komisch und sollten von der Erzieherin notiert werden. Vielleicht kann man daraus eine Szene entwickeln.

»Ich brauche einen Freund für« ... -Standbilder

Die Spieler überlegen gemeinsam, wofür sie für einen Freund brauchen: für das Geheimste, zum Spielen, zum Reden, für Abenteuer, um zu zweit zu sein... Die Spieler bilden eine Dreiergruppe und bauen ein Stand-bild zu dem Thema: »Ich brauche einen Freund für ...«

»Ich vertraue meinem Freund.«

Die Spieler bilden wieder neue Paare. Lisa hat die Augen geschlossen, und Laura führt sie an der Hand behutsam und sachte durch den Raum.
Variation 1:
Laura führt Nora mit der Stimme. Sie flüstert: »*Nora, Nora, Nora.*« Sie lockt sie nun mit dem Namen an den anderen Spielern vorsichtig vorbei durch den Raum.
Variation 2:
Sie verabreden ein Geräusch mit Stimme, Hand, Fuß oder Instrument. Laura: »*Brrr, Brrr, Brrr.*« Oder sie schnalzt, trampelt, klatscht und rettet so ihre Partnerin an allen Gefahren vorbei.
Durch die vielen Spieler, die alle ihre Partner gleichzeitig mit Geräuschen führen, entsteht ein interessanter Klangteppich.

»Wann brauche ich einen Fantasiefreund?« – Einen Monolog halten

Die Erzieherin bespricht das Thema »Fantasiefreund«. Vielleicht erzählt sie von ihrer Fantasiefreundin. Diese Freundin, die immer und überall da war, wo man sie brauchte und genau das machte, was man möchte. Jedes Kind überlegt, wann und wieso es einen Fantasiefreund braucht und erzählt darüber frei vor der Gruppe oder im Kreis.

Schattenwege

Die Spieler bilden Paare, einer ist der Schatten und folgt dem anderen durch den Raum.
Variation 1:
Dem Schatten wird es erschwert zu folgen.
Variation 2:
Der vordere Spieler geht rückwärts und seitlich.

Schattenspiel: »Der Fantasiefreund macht, was ich will.«

Der Fantasiefreund Ilia steht hinter dem Spieler Maik und folgt ihm auf Schritt und Tritt wie ein Schatten. Maik gibt Bewegung, Tempo und Rhythmus vor. Ilia imitiert. Maik macht es so, daß Ilia mühelos folgen kann. Dann hilft der Fantasiefreund dem Spieler und gibt die Wege vor. Ilia führt nun Maik.

Schattenwege: »Was würdest du gerne tun mit deinem Fantasiefreund?«

Julian und Raoul überlegen sich Bilder, Themen oder Schwierigkeiten für ihre Schattenwege: Balancieren auf dem Dach. Im Dunkeln gehen. Über einen Felsen klettern. Von Stein zu Stein hüpfen. An einer Wand entlang gehen. Blumen pflücken.

Spielaufgabe: Ein Freund wie ein Schatten

Die Spieler spielen zwei Freunde. Ein Freund steht immer im Schatten des anderen. Die Spieler erfinden eine Szene zu: »Im Schatten eines anderen stehen«.
Variation 1:
Der eine Freund macht immer das nach, was der andere tut. Die Freunde finden es beide schön.
Variation 2:
Der eine Freund macht immer das nach, was der andere macht. Dieser ist dadurch verärgert oder genervt.

Im Kreis: »Ich möchte, habe, brauche einen Freund, weil...«

Die Spieler stehen im Kreis und erklären reihum, warum sie einen Freund möchten. Die Sätze werden mit Gestik und Mimik untermalt.
Carla: »*Ich möchte eine Freundin, um mit ihr ins Kino zu gehen.*«
Elsa: »*Ich möchte eine Freundin, weil ich mit ihr Fußball spielen möchte.*«
Josi: »*Ich brauche eine Freundin, weil ich mit ihr ein Geheimnis teilen möchte.*«
Anna: »*Ich möchte einen Freundin, weil wir zusammen stark sein könnten.*«
Raoul: »*Ich habe einen Freund, weil ich mit ihm Quatsch mache.*«

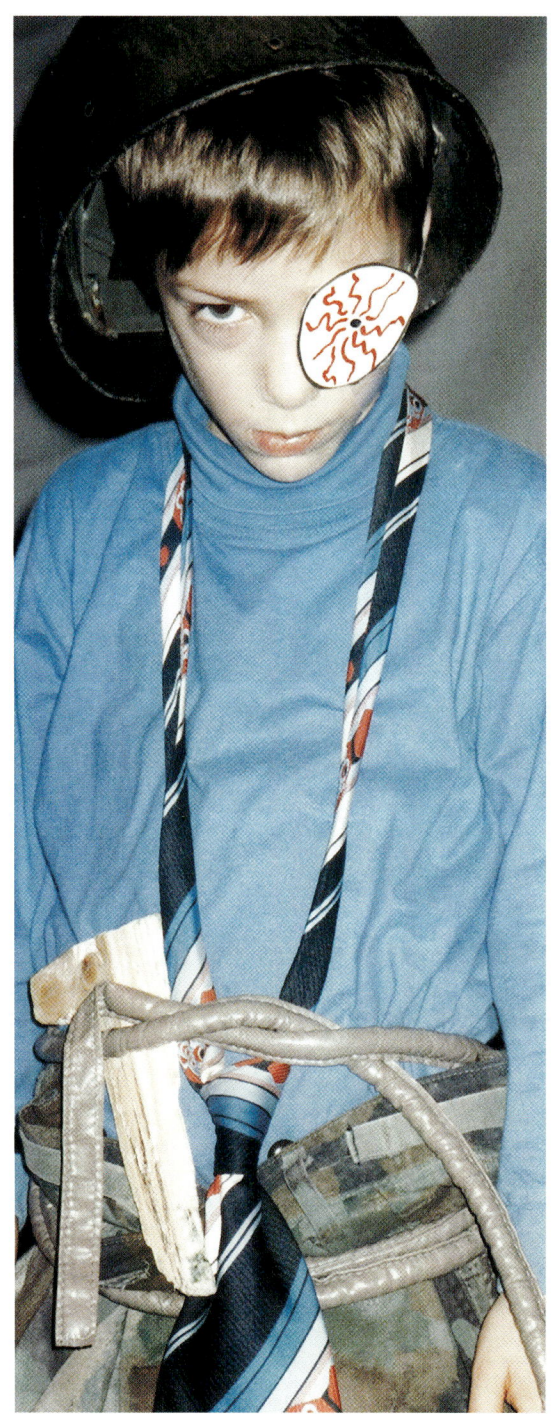

Stella: *»Ich möchte eine Freundin, weil ich alleine bin.«*
Variation:
Die Spieler entwickeln zu zweit eine Szene nach dem oben genannten Motiv.

Improvisation:
Freunde stehen auf – ein Motiv finden
Die Spieler gehen im Raum, bei Stop bilden sie eine Viererkgruppe und spielen »Führen und Folgen« (vgl. Kap. Familie, S. 63). Jede Gruppe sucht sich eine Sitzgelegenheit. Sie holen sich vier Stühle (Bank, Kiste, Bühnenelemente, Treppe, Tisch) und stellen diese in einer Reihe nebeneinander auf. Die Gruppen setzen sich auf ihre Stühle. Sie entwickeln jetzt einen gemeinsamen Grund, um gleichzeitig miteinander aufzustehen. Sie achten gegenseitig auf Impulse wie, sich kratzen, rutschen, unruhig sein, nervös sein, sich schlecht fühlen, Angst haben. Ein Impuls setzt sich durch, und wenn es gut klappt, stehen alle gemeinsam auf.
Alle Viererkgruppen spielen noch mal vor der gesamten Gruppe. Sie suchen wieder nach einem neuen Motiv. Sie können auch in einer anderen Reihenfolge sitzen.

Freundschaftsstandbilder
Die Spieler bilden Fünfergruppen und stellen gemeinsam Ersatzbegriffe für Freundschaft dar: Vertrauen, Stärke, Gemeinsamkeit, Verständnis, Geborgenheit, Spaß, Lästern, Streit, Versöhnen, Gruppe.
Variation 1:
Das Standbild kann eine reale Situation zeigen, z.B. Spaß mit Freunden.
Variation 2:
Das Standbild kann eine abstrakte oder globale Darstellung sein.
Variation 3:
Das Standbild wird mit Körperkontakt gebaut.
Variation 4:
Die folgenden Aussagen sind Impulsgeber für Standbilder: »Freunde halten zusammen.« »Gemeinsam sind wir stark.« »Durch dick und dünn« »Einen Freund fürs Leben«.

Freundschaftsszenen

Die Spieler arbeiten in Dreier-, Vierer- oder Fünfergruppen.

Nach dem ersten Zeigen sollte ruhig noch einmal daran geprobt werden. Die Ergebnisse, d.h. die Szenenverläufe werden von der Erzieherin oder von den Spielern aufgeschrieben. Trotzdem befindet sich die Probenarbeit im Prozeß und die Szene kann weiterentwickelt, verändert und erneuert werden.

Die Dialoge werden in normaler Sprache gesprochen. Die Spieler wissen, wer sie sind, wo sie spielen und was sie machen.

Variation 1:
Was verändert sich, wenn die Szene stumm gespielt wird? Ist sie noch verständlich? Wirkt sie eher steif und langweilig?

Vielleicht wird jetzt sichtbar, daß im Spiel zu wenig mit Mimik und Körperausdruck gespielt wird.

Variation 2:
Die Szene wird in der Grommolosprache gesprochen. Die Spieler bauen eine Spiegelsituation, eine Schattensituation, eine inhaltliche Schwierigkeit, eine Blindsituation, einen Klangteppich oder Geräusche in die Szene ein.

Spielaufgabe 1: Szene zu Stichpunkten

Zu den Stichpunkten Ferien, Langeweile, Spiel, Unternehmung, Fans, Sammeln, Spaß, Abenteuer, Schule überlegen sich die Spieler eine Handlung und spielen eine Szene. Dazu wählen sie drei der Stichpunkte aus.

Variation 1:
Die Stichpunkte stehen auf Karten, und die Spieler ziehen blind drei heraus.

Variation 2:
Die Spieler sammeln eigene Stichpunkte und schreiben sie auf Zettel.

Spielaufgabe 2: Was machen Freunde zusammen? – Was mache ich am liebsten mit meinen Freunden?
Die nächste Aufgabe lautet: »Was machen Freunde zusammen?« »Wenn ich in den Ferien Freunde habe.« »Freunde langweilen sich nie!« »Mein Freund und ich sammeln das gleiche.« Alle meine Freunde mögen die Spice Girls (oder eine aktuelle Band).« »Was würdest du am liebsten mit deinem Freund machen?«

Spielaufgabe 3: Freunde haben einen Konflikt
Die szenische Idee: Die Freunde treffen sich am Nachmittag und wollen zum Beispiel Sticker, Figuren oder Murmeln tauschen. Plötzlich fehlt eins der Tauschobjekte. Die Freunde beschuldigen sich gegenseitig. Oder einer gerät zu Recht oder zu Unrecht in Verdacht. Das Objekt ist einfach nur verloren gegangen. Die Spieler bauen in die bereits entstandenen Szenen einen Konflikt ein: Die Freunde haben untereinander einen Konflikt. Der Freund hat wegen seines Freundes mit dritten (Kindergarten, Eltern, Gewissen) einen Konflikt. Der Freund hat einen inneren Konflikt.
Variation:
Die Szenen werden in drei Standbilder gegliedert. Anfang – Höhepunkt – Lösung oder Konflikt – Höhepunkt – Lösung. Wie fängt die Szene an? Wo ist der Höhepunkt? Wie geht die Situation aus? Diese Gliederung kann helfen, genauer zu arbeiten. Anfänger fühlen sich aber leider des öfteren durch diese Gliederung und die etwas starren Standbilder eingeengt.

Spielaufgabe 4: Freundschaft bewährt sich in einer extremen Situation
Die Spieler suchen nach extremen Situationen, in die sie mit oder ohne Freunde hineingeraten und mit Hilfe der Freunde oder durch den Zusammenhalt die Situationen überwinden.

Szenische Idee:
Auf dem Spielplatz verletzt sich ein Kind, und sein Freund holt Hilfe. Oder der Freund kann selbst helfen.

Spielaufgabe 5: Was gehört zur Freundschaft?
Die Spieler erfinden eine Szene zu den folgenden Aussagen: Zuneigung gehört zur Freundschaft. Die gleiche Wellenlänge gehört zur Freundschaft. Verständnis gehört zur Freundschaft. Zusammenhalten gehört zur Freundschaft. Vertrauen gehört zur Freundschaft. Die Spieler suchen nach weiteren Äußerungen, was zur Freundschaft gehört.
Variation:
Die Spieler erfinden eine Szene, in der zum Beispiel das Verständnis oder der Zusammenhalt in Frage gestellt, geprüft oder zerstört wird.

Materialsuche zum Thema »Freundschaft«

Bildmaterial

Die Erzieherin bringt Abbildungen von Freundschaften mit. Zum Beispiel auf Postkarten, in Zeitschriften und Bildbänden. Diese Bilder können Gemälde, Zeichnungen, Fotos und Comics sein. Vielleicht sind auf den Bildern Katzen, sonstige Tierpaare und Tiergruppen oder Pflanzenpaare, aber auch Kinder, Erwachsene oder alte Menschen.
Die Kinder malen Bilder von Freunden, ihrem besten Freund, ihrem Fantasiefreund. Die Kinder bringen Fotos von Freunden mit.
Die verschiedenen Bildmaterialien sind Auslöser oder Impulsgeber für die szenische Spielfindung. Sie werden im Kreis besprochen und spontan einfach nur als Standbild nachgestellt. Zum einen kann das einzelne Bild verwendet werden, um ein Paar oder eine Gruppe zu einer Szene zu motivieren. Zum anderen kann man mit den Bildern eine Dreierfolge bilden und anhand der drei Motive eine Szene entwickeln.

Textmaterial zum Thema »Freundschaft«
Wir erfinden Texte zum Thema »Freundschaft«

Reim – Gedicht – Lied erfinden
Die Spieler erfinden einen Reim, ein Gedicht oder ein Lied über Freunde oder Freundschaft. In Zweier- oder Dreiergruppen dichten die Kinder Zeilen, die sich reimen. Alles gilt, es kann sehr unsinnig und verrückt sein. Sie tragen es gemeinsam vor.

Eine Freundschaftsgeschichte schreiben
Die Spieler schreiben Geschichten über Freundschaften. Die Themen der Spielaufgaben können dazu als Anregung verwendet werden. Eigene Erlebnisse oder erdachte Freundschaftsgeschichten enthalten interessantes Material zum Proben. Einige Spieler mögen diese Vorgehensweise erst einmal lieber, als in der Gruppe Szenen erfinden. Und die Gruppe freut sich über die Geschichten ihrer Mitspieler. Sie geben genug Ideen für eine Szene oder eine kleine Szenenfolge. Die Geschichten werden von den Kindern während der Probe geschrieben oder sogar mit nach Hause genommen. Beim nächsten Treffen lesen die Kinder ihre Geschichte vor.

Mit der Freundschaftsgeschichte szenisch arbeiten
Aus den Geschichten und den Stichpunkten, die sich durch die Übungen und Spiele herauskristallisiert haben, wird eine gemeinsame Geschichte entwickelt.
Die Spieler stellen alle Inhalte und Themen als Standbilder dar.
Die Spieler stellen die Inhaltsabschnitte der Geschichte in Standbildern dar.
Die Spieler stellen den Anfang, die Höhepunkte und das Ende der Geschichte in Standbildern dar. Die Standbilder werden zu Szenen weiterentwickelt. Es wird viel diskutiert und ausprobiert.

Dialoge schreiben
Manche Kinder schreiben gerne Dialoge. Wenn sie für sich oder in der Gruppe geklärt haben, wer am Dialog teilnimmt, wer in der Szene was spielt, entstehen im Spiel zu zweit oft erstaunliche Dialoge.

Werkstatteinblick: Projekt »Freundschaft« – eine Werkschau

Eine Gruppe von sechs Spielern beginnt die Werkschau mit einem Freundestandbild: Der erste Spieler betritt die Spielfläche: »*Freund!*« Der Spieler öffnet die Arme. Zweiter Spieler: »*Freundin!*« Die Spieler fassen sich an. Nach und nach ordnen sich die restlichen Spieler in das Denkmal ein. Pro Spieler wird ein neuer Begriff eingeführt und mit einem Bewegungsimpuls von allen gemeinsam dargestellt. Dritter Spieler: »*Freunde!*« Die drei Spieler stehen eng beieinander. Vierter Spieler: »*Freundschaft!*« Die vier Spieler umfassen sich mit den Armen. Fünfter Spieler: »*Freunde halten zusammen.*« Die fünf Spieler halten sich aneinander fest. Sechster Spieler: »*Freunde sind füreinander da!*« Die sechs Spieler heben die Arme. Bei allen Standbildern schauen die Spieler mit dem Gesicht zum Publikum.

Aus dem »Off« rufen die anderen Spieler: »*Freunde haben Vertrauen!*« Die Spieler stellen den Begriff »Vertrauen« dar. Vielleicht bilden sie eine Höhle.

Einen Freund blind führen

Aus dem Standbild »Vertrauen« lösen sich nacheinander Paare. Der eine Spieler schließt die Augen und vertraut sich seinem Partner an, der ihn mit einem Geräusch von der Bühne lockt.
Alle verschwinden im »Off«.

Begegnung: Spiegelspiel – Kontaktspiel

Eine Sprecherin betritt die Spielfläche und sagt: »*Begegnung*«.
Zwölf Spieler laufen kurz kreuz und quer über die Bühne. Auf ein Signal hin bleiben sie stehen.
Sie nehmen Blickkontakt miteinander auf und jeweils zwei Spieler gehen wie magnetisch von einander angezogen aufeinander zu. Die sechs Paare beginnen mit dem Spiegelspiel: »*Wer bist du?*«
Sprecherin: »*Wer bist du?*«

Das Spiegelspiel geht in eine Berührung über.
Sprecherin: »*Komm mit, ich zeige dir etwas.*«
Der Kontakt wechselt von leicht bis schwer. Dadurch wird die Begegnung immer enger und körperlicher. Zum Schlußbild drücken sich alle Paare gegeneinander und frieren in ein Standbild ein.
Sprecherin: »*Aufeinandertreffen! Zusammentreffen!*«
Die Spieler sprechen aus dem Standbild: »*Wie wir uns kennengelernt haben.*«
Die Spieler laufen ins »Off«.

Kennenlernszenen

Die Spieler zeigen fünf Szenen zum Thema »erstes Kennenlernen«. Immer zwei Spieler betreten die Spielfläche. Vor ihrem Spiel kündigen sie den Titel ihrer Szene an: »*Im Schwimmbad*«, »*In der Freizeit*«, »*Im Sandkasten*«, »*Hilfst du mir?*«, »*Ich spiele mit dir!*, Wie heißt du?*«

Eine Freundgeschichte

Danach stellen sich alle Spieler im Halbkreis auf und erzählen gemeinsam eine Freundgeschichte. Die Geschichte ist wie alles andere auch fest verabredet und bereits in den Proben entwickelt worden. Die Reihenfolge, die Erzählabschnitte und der Inhalt werden vorher verteilt. Hier gäbe es auch die Möglichkeit, die Geschichte spontan zu entwickeln. Der erste Satz wird allerdings verabredet: »*Es gibt nichts auf der Welt, was meine Freundin Eva und ich nicht machen könnten.*« Statt der Freundgeschichte können die Spieler im Halbkreis auch reihum berichten: »*Ich möchte einen Freund, weil...*«
Die Spieler begeben sich wieder ins »Off«. Für die folgenden Improvisationen und Szenen kommen die einzelnen Gruppen und Paare nacheinander auf die Bühne.

Was für Freunde gibt es? – Ungewöhnliche Freunde
Sprecherin: »*Freunde können sehr ungewöhnlich sein.*«
Die Spieler zeigen ihre zehn Standbilder. Die Sprecherin stellt die Namen der Freunde vor.

Fantasiefreund

Fünf Paare bewegen sich im Schattenspiel und stellen ihre Fantasiefreunde vor. Spieler: »*Meine Fantasiefreundin heißt Lilli und ist immer da, wenn ich sie brauche.*«

»Ich brauche einen Freund für...«

Die Spieler wiederholen acht ihrer Standbilder: Geheimnisse ... Abenteuer ... Spielen ... Zu-zweit-Sein ... Vertrautfühlen.

Freundschaftsszenen

Die Spieler zeigen fünf bis sieben Szenen, die sie zu den Stichpunkten, den Fragen und Schwerpunkten entwickelt haben. Die Sprecherin kündigt die Titel an. Dieser Teil bildet den Höhepunkt des Werkstatteinblickes.

Freundschaftsbande

Zum Abschluß sollten alle Spieler noch einmal gemeinsam auf die Bühne kommen. Sie fassen sich an den Händen und bilden eine lange Kette. Alle: »*Freundschaftsbande!*«
Für den Schlußapplaus verneigen sich die Spieler in ihren Gruppen.

Drittes Kapitel: # Wünsche

Stella, 13 Jahre: »*Alles, was ich mir gerade wünsche, ist da, oder ich kann es, wie Eltern wegzaubern, die nerven.*«

Die Techniken und Spiele sollen den Spielern eine Möglichkeit geben, ihre Wünsche zu finden und diese auch noch in vielen theatralen Formen allein und gemeinsam darzustellen. Sie sollen ihre Wünsche ernst nehmen und als Impulsgeber ihrer Kreativität entdecken. Trotzdem werden die Spieler bei dieser Entdeckungsarbeit ganz klar über die Techniken und Spiele geführt und strukturiert.

Spielideen zum Thema »Wünsche«

Im Kreis: aus der kleinen schwarzen Schachtel
Die Spieler sitzen im Kreis auf dem Boden. Die Erzieherin stellt einen kleine schwarze Schachtel in die Kreismitte. Die Schachtel ist nicht wirklich vorhanden, sie ist imaginär. Die Atmosphäre ist ruhig und konzentriert, alle sind gespannt. Die Erzieherin erklärt ihr Handeln: »*Ich habe eine kleine schwarze Schachtel, ich nehme sie in die Hand und öffne sie. Ich*

nehme den Deckel ab und schaue hinein.« Nun stellt sie sich irgend etwas vor: *»Ach da ist eine kleine süße Maus. Sie knabbert. Ich schließe die Schachtel und lege den Deckel darauf und stelle sie wieder zurück.«* Reihum sind alle Spieler dran, die Schachtel zu öffnen und etwas darin zu entdecken, was ihnen einfällt, was sie sich wünschen. Wichtig ist, daß die Schachtel immer wieder geöffnet und geschlossen wird, daß alle den Satz: *»Ich habe eine kleine schwarze Schachtel, ich mache sie auf und darin ist...«*, wie ein Ritual sprechen. Die Erzieherin kann die Spieler ermuntern, mehr zu sehen. Erzieherin: *»Was macht denn deine Maus?«*

Im Kreis:
»Wir spielen den Inhalt der kleinen Schachtel.«
Die Spieler merken sich gemeinsam mit der Erzieherin den Inhalt ihres Schachtelwunsches. Sie stehen im Kreis, und jeder stellt seinen Wunsch dar. Einer ist das Kaninchen, das Kätzchen, der Ring, das Gold...

Im Kreis: »Wir machen alles aus der Schachtel zu einer Geschichte.«
Die Kinder sitzen im Kreis und versuchen, mindestens drei Begriffe aus ihrer Schachtel zu einer Geschichte zu verbinden. Das hört sich dann vielleicht so an: Aus einer Schachtel klettert eine kleine **Maus**. Sie möchte gerne einen **Freund** haben. Sie sucht überall und findet einen **goldenen Ring**. Der ist sehr groß. Sie schlüpft hinein, aber der Ring paßt ihr nicht. Er kullert davon, sie läuft schnell hinter ihm her, und da trifft sie einen grauen **Elefant**. Der Ring paßt genau auf den Rüssel des Elefanten. *»Den schenke ich dir«*, sagt die Maus. Und der Elefant antwortet: *»Darf ich dein Freund sein?«*
Die Spieler spielen die Geschichte. Alle können mal die Maus, der Elefant oder der Ring sein. Für die Kinder, die noch nicht in der Gruppe laut sprechen wollen, spricht die Erzieherin oder ein anderes Kind die Worte.

Im Raum:
Laufen und einfrieren – »Wie bewege ich mich?«
Die Spieler laufen kreuz und quer im Raum. Die Erzieherin gibt ein Signal für den Stop. Die Spieler frieren in der Bewegung ein. Als Signal nimmt sie die Stimme und ruft: *»Stop!«* oder schlägt zwei Klanghölzer, ein Tambourin oder klatscht in die Hände. Die Spieler bleiben eingefroren, nur ein einzelner löst sich und erfindet eine Fortbewegungsart, wie Hüpfen, Krabbeln, Schreiten, Rennen, Tänzeln.
Die Gruppe macht den einzelnen nach. Alle kommen einmal dran. Traut sich ein Kind nicht allein, macht es etwas gemeinsam mit einem anderen Spieler oder der Erzieherin.
Variation 1:
Das Kind, das eine Bewegung vormacht, benennt seine Bewegung. Max: *»Ich hüpfe!«*; Alle: *»Du hüpfst!«*
Variation 2:
Celia: *»Ich kugele wie ein Ball.«*
Variation 3:
Die Spieler laufen, der erste stoppt wortlos und friert ein. Alle, die es merken, frieren auch ein. Irgendwann fängt einer an, sich wieder zu bewegen, alle anderen ziehen nach.

Im Raum: Das Tempo verändern: normal – Zeitlupe – ganz schnell
Die Spieler probieren ihre Bewegungen in verschiedenen Geschwindigkeiten. Die Zeitlupe kann man üben, indem die Spieler sich vorstellen, sie gehen durch Wasser oder Lehm und sind ringsherum davon umgeben.

Im Raum: Standbilder
Die Spieler gehen im Raum. Die Erzieherin ruft: *»Stop und zu dritt zusammengehen und einen ›Stern‹ bilden!«* Sie bilden gemeinsam den Begriff. Nacheinander treffen die Spieler neu zusammen und bilden: »Haus«, »Wolke«, »Wasser«, »Licht«, »Höhle«, »Kette«, »Berg«, »Zaun«, »Blume«, »Monster«.
Variation 1:
Die Spieler schlagen selbst die Themen vor.
Variation 2:
Die Spieler stellen Tätigkeiten dar.
Sie bilden ein Standbild zu »Klettern«, »Schauen«, »Staunen«, »Zeigen«, »Riechen«, »Fühlen«, »Entdecken«, »Freuen«.

Im Kreis: Zappelkreis
Die Spieler stehen im Kreis. Verschiedene Körperteile zappeln und zittern. Die Spieler schütteln Hände, Arme, Schultern, Brust, Bauch, Po, Beine, Füße. Jedes Körperteil für sich und dann alles zusammen. Die Spieler springen zum gemeinsamen Impuls in die Luft, landen und frieren ein.

Im Raum: Verzaubern
Zauberspiegel
Die Spieler wählen sich einen Partner. Einer ist der Zauberspiegel, und der andere schaut hinein. Der Zauberspiegel folgt allen Bewegungen und jedem Ausdruck seines Spiegelguckers.
Nun folgt der Gucker dem Zauberspiegel.
Zauberspiel
Einer ist der Zauberer und verzaubert alle. Er sagt einen Zauberspruch und bewegt dazu geheimnisvoll seine Hände. Die Gruppe reagiert auf das Spiel seiner Hände. Zauberer: »*Hokus pokus abbaza rassa ku gi lö, ei ei ei frazu miel!*« Die Gruppe folgt den Händen, der Zauberer geht durch den Raum, seine Bewegungen sind rhythmisch, gehen hin und her, rauf und runter, im Kreis, stoßen nach vorne, ziehen an... Die Gruppe folgt wie verzaubert, willenlos. Der Zauberer verzaubert die Spieler in Blumen, Wasser, Steine, Bäume, Sessel, Berge... Jedes Kind ist einmal Zauberer und verzaubert alle. Wenn der Zauberer nun zaubert, bilden die Spieler in Dreiergruppen die Zauberaufgabe. Zu dritt stellen sie einen See, eine Maus, eine Höhle... dar.

Im Kreis: Geräusche machen
Reihum erfindet oder macht jeder ein Geräusch mit dem Mund, den Händen oder den Füßen.
Die einzelnen Geräusche werden von der Gruppe wiederholt. Die Spieler bewegen sich passend oder rhythmisch zu ihrem Geräusch.

Im Kreis: Geräuschkonzert
Einer der Spieler ist der Dirigent. Er steht in der Kreismitte. Der Dirigent bestimmt, wer ein Geräusch macht und wann es beendet wird. Es können auch zwei oder drei oder alle ihre Geräusche machen.

Im Kreis: Grimassen schneiden
Die Erzieherin spielt mit den Kindern zusammen Grimassen schneiden. Alles im Gesicht zieht sich nach unten, nach oben, nach rechts und nach links. Die Zunge geht ebenfalls, so weit sie kann, in alle Richtungen. Die Spieler zeigen nacheinander eine Grimasse.
Variation:
Sie zeigen die Grimasse ihrem Nachbarn, und der spiegelt sie. Daraus formt er eine neue Grimasse.

Im Kreis: Tiere spielen
Im Kreis stellt jeder reihum ein Tier dar, die anderen Spieler machen es nach. Das Tier macht zusätzlich ein Geräusch. Jeder Spieler entscheidet sich für ein anderes Tier. Sie laufen durch den Raum, wenn sie einem anderen Tier begegnen, beschnuppern sie sich.
Variation:
Alle Spieler entscheiden sich für Katze oder Hund. Sie verraten nicht, was sie sind. Sie gehen im Raum, und nun sollen sich alle Katzen und alle Hunde zusammenfinden. Im ersten Durchgang nehmen die Spieler noch die Stimmen dazu. Im zweiten Durchgang wird nur mit der Körpersprache gearbeitet.

Im Kreis: Gefühle spielen
Reihum drücken die Spieler ein Gefühl aus. Sie versuchen es mit dem ganzen Körper darzustellen. Die anderen Spieler spiegeln das Gefühl. Die Spieler überlegen sich eine Situation, wo das Gefühl zum Ausdruck kommt.
Therese ist wütend, wenn sie ins Bett muß. Max freut sich, wenn er Quatsch machen kann.

Im Kreis: Welches Gefühl paßt zu welchem Tier?
Die Maus ist ängstlich, der Fuchs ist neugierig, der Bär ist stark... Die Spieler spielen ein Tier mit einem bestimmten Gefühl.

Im Raum: Blind führen
Die Gruppe folgt mit geschlossenen Augen den Geräuschen eines Führers. Die Gruppe steht eng beieinander. Alle spüren sich, und so können sie gemeinsam reagieren. Der Führer ist langsam in seinen

Bewegungen und deutlich in seiner Richtung. Durch das blind gehen erhöht sich bei den Spielern die Konzentration, die Körperanspannung, und es ist zudem ein Gefühl zwischen Neugierde, Spannung, Angst und Vertrauen da.

Im Raum: Elemente spielen

Die Spieler laufen im Raum. Die Erzieherin ruft: »*Stop!*« Nacheinander ruft sie den Spielern die vier Elemente zu: »*Erde*« – »*Feuer*« – »*Wasser*« – »*Luft*«. Jeder Spieler findet für sich allein eine Darstellung. Nun sollen die Spieler in Dreiergruppen zusammen gehen und ein Standbild der verschiedenen Elemente finden.

Spielaufgabe: Was gehört zu welchem Element?

Die Spieler suchen nach Ersatzbegriffen
für Feuer: Blitz, Brand, Energie, Ärger...,
für Wasser: Fluß, Meer, Bach, fließend...,
für Luft: Wind, Himmel, Geist, Wolke, leicht...,
für Erde: Boden, Höhle, Matsch...
In ihren Gruppen stellen sie die Begriffe gemeinsam als Standbild dar und raten diese gegenseitig.

Im Kreis: Geister spielen

Welche Geister gibt es? Kann man die Geister den Elementen »Luft«, »Wasser«, »Feuer«, »Erde« zuordnen? Lea: »*Ich bin ein Erdgeist und krieche.*« Daniel: »*Ich bin ein Luftgeist und schwebe.*« Julia: »*Ich bin ein Feuergeist und tanze.*«

Im Kreis: Gegensätze spielen

Die Kinder sollen eine Eigenschaft, wie »schön«, »brav«, »mutig«, »langweilig« und das Gegenteil davon darstellen. Der jeweilige Darsteller geht in die Mitte des Kreises, das »Gegenteil« stellt sich ihm gegenüber. Cecilia: »*Ich bin gerade!*« Sie stellt sich sehr gerade hin. Johanna: »*Ich bin rund!*« Sie macht eine runde Bewegung. Joss: »*Ich bin böse!*«; Eva: »*Ich bin lieb!*«

Im Raum: Fantasiespaziergang

Die Erzieherin baut in ihren Fantasiespaziergang die bisherigen Spielideen ein. Die Spieler gruppieren sich um die Erzieherin, und alles wird aktiv umgesetzt: »Oh, wir spitzen die Ohren, ducken uns, denn wir sind eine Katze, miau. Da, da, nein da ist eine Maus. Auf leisen Pfoten schleichen wir hinterher, vorsichtig, leise und ganz langsam. Wir schnuppern, weg, der Geruch nach Maus ist weg. Aber ein sanfter Wind bläst uns nach hinten, nach vorne, er wird stärker, so stark, daß er uns in die Luft hebt, und wir fliegen. Doch schwups ein Luftloch, schwups noch eins, und wir sacken ab und landen in einem See. Im Wasser: Wir müssen schwimmen und tauchen und wühlen uns durch den Schlamm, bis wir ganz erschöpft und schmutzig an Land kommen. Wir lecken uns ab und sonnen uns. Ach da! Wir springen auf. War da nicht eine kleine Maus? Hinterher...

Im Kreis: Synchron sprechen

Die Erzieherin erfindet mit den Kindern einen Text. Sie weiß aber im voraus, worauf es ihr ankommt. Der Text kann sich um das Wünschen, Zaubern und Verwandeln drehen und soll zu Bewegungen motivieren. Ein kleiner Reim wäre auch gut:
»*Aus der kleinen schwarzen Schachtel
kommt alles was ich mir wünsche.
Ach ich seh ein Tier,
und schnell kommt es zu mir.
Ich fühle mich wie eine Fee
und zaubere etwas Schnee.*«
Die Spieler stehen im Kreis, der Text wird Zeile für Zeile gesprochen, sie interpretieren den Text mit ihrem Körper.

Viertes Kapitel: Gefühle

Marcel, 6 Jahre: »*Freude zu spielen, macht mir Spaß, weil das einfach schön ist.*«

Angst – Aggressivität – Feigheit – Mut – Freude – Trauer – Zuversicht – Frust – Macht – Ohnmacht

Zum Theaterspielen brauchen wir alle Gefühle, keines schließt sich da aus. Sie sind der Nährboden für das Spiel, und das Theater lebt von der Wechselbeziehung und Wirkung zwischen den extremen Gefühlen.
Mit dem Schwerpunkt »Angst« ist ein exemplarischer Einstieg mit Übungen und Spielaufgaben aufgezeigt. Die Spiele und Improvisationen sind auf alle anderen Gefühle übertragbar. Wer fürchtet sich schon gerne oder mag seine Angst?

Angst und Furcht sind nicht gerade angenehme Themen oder gute Gefühle. Eher das Gegenteil. Aber das Theaterspielen lebt von Gefühlen: Positiven wie negativen, heftigen wie zarten, schrecklichen und schönen. Angst und Furcht gehören dazu. Und gerade die sogenannten negativen Gefühle sind im Theater oft zu sehen und werden viel gespielt. Wer mimt nicht gerne den Bösewicht, die Hexe, den Wolf? Wer aber überzeugt als Feigling, Angsthase und Mamakind? Beim Theaterspielen erfährt man, wie befreiend es sein kann, seine Gefühle zu zeigen, auszudrücken und auszuleben, ohne die Folgen zu tragen. So jedenfalls sollte es sein im Schon- und Schutzraum Theater. Hier können wir Gefühle ausprobieren und erproben, ohne daß sie real werden.

Die Angst zum Thema machen, über Angst reden oder Angst zeigen, mit der Angst spielen, über die Angst Theaterspielen.

Spielideen zum Thema »Gefühle«

Im Kreis: Mit Gefühl sprechen – ängstlich sprechen
Die Spieler stehen im Kreis und stellen nacheinander, reihum ihren Namen vor, allerdings mit einer besonderen Klangfarbe. Sie stellen sich folgende Situation vor: Jemand fragt dich nach deinem Namen, aber du hast Angst zu antworten. So könnten die Antworten klingen: Zart und leise haucht Tini ihren Namen. Alle wiederholen Klang und Stimmung des Namens.
Und so kommt jeder an die Reihe, viele verschiedene ängstliche Namen-Antworten entstehen.
Ein zittriges Sophie-Bo, ein gestottertes Lars.
Variation 1:
Die Spieler rufen nach jemandem in einer bestimmten Situation ängstlich. Wie zum Beispiel Benjamin, der ängstlich wispert: »*Judika?!*« Anna schreit voll Angst nach Sebastian.
Variation 2:
Jetzt haben sie genug Angst gehabt. Zum Lockern und zum Ausgleichen werden die Spieler Gefühle ihrer Wahl zum Ausdruck bringen. So werden die Namen gesprochen: Nils schmettert wütend, Lotte ist merkwürdig arrogant, Nina verträumt, Anna fies und Sophie-Bo sachlich.
Variation 3:
Was ist das Gegenteil von ängstlich? Mutig, frech, neugierig oder sauer klingen dann die Namen der Spieler.
Variation 4:
Ein Spieler wirft ein Wort seiner Wahl mit einem bestimmten Gefühl in den Kreis. Ein anderer Spieler antwortet mit dem gleichen Wort und dem gleichen Gefühl oder mit einem anderem/gegensätzlichem Gefühl.

Im Kreis: Gefühl mit dem Körper zeigen
Was die Spieler nun so deutlich mit der Stimme ausgedrückt haben, können sie auch mit dem ganzen Körper zeigen und unterstützen.
Gefühl »Angst«: Das Gesicht bekommt einen angstvollen Ausdruck, die Hände machen eine abwehrende Bewegung, der Körper sucht eine kauernde Pose, die Stimme spricht ängstlich. Lars duckt sich, Maren hält sich schützend die Hände vors Gesicht, Lea knabbert an den Fingernägeln, und Maria wendet sich ab.
Variation 1:
Hierbei können die Spieler wahlweise ihre Namen oder die passenden Worte wie z.B. »*Hilfe!*«; »*Nein!*«; »*O Schreck!*« sagen.
Variation 2:
Die Spieler zeigen nun auch andere Gefühle, wie »Freude«, »Wut«, »Gleichgültigkeit«, »Aggression«, »Neugierde«, »Stolz«. Alle zeigen die verschiedenen Möglichkeiten; ein Gefühl auszudrücken.
Variation 3:
Die anderen Spieler erraten das Gefühl.
Variation 4:
Die Spieler zeigen das Gefühl nur mit den Händen.

Variation 5:
Die Spieler drücken das Gefühl mit dem Rücken aus.
Variation 6:
Die Spieler erzählen in der Grommolosprache ein Erlebnis, das ein bestimmtes Gefühl bei ihnen verursacht hat. Sie unterstützen ihre Geschichte mit der Körpersprache.

Im Kreis: Was löst Gefühle aus?
Gemeinsam mit den Spielern sammelt die Erzieherin Dinge und Ereignisse, wovor sich die Spieler fürchten. Lisa zum Beispiel fürchtet sich vor Höhlen, Joss hat Angst vor unheimlichen Geräuschen, und Nadine fürchtet sich im Wald.
Variation 1:
Die Spieler werfen sich einen imaginären Ball zu, immer der, der den Ball fängt, ist dran.
Variation 2:
Die Spieler erklären, über was sie sich freuen, was sie traurig macht, was sie wütend macht, worüber sie lachen müssen.

Ich-fürchte-mich-vor
Die Sachen, die Furcht einflößen, werden von drei Spielern als Standbild geformt. Stella, Elsa und Hanni stellen ein Monster dar. Julian, Carla und Henriette bilden ein Höhle. Zaha, Siman und Anna spielen die Dunkelheit. Drache! Feuer! Tiefes Wasser! Streit! Schule! Fernsehen! Laute Stimmen! Roboter! Schlangen!
Variation:
Sie nehmen die Stimmen dazu und machen die entsprechenden Geräusche.

Im Kreis: Geräusche lösen Gefühle aus!
Die Spieler überlegen sich ein Geräusch, das sie mit Stimmen, Händen und/oder Füßen ausdrücken. Im Kreis reihum fabriziert jeder ein Geräusch. Es kann witzig, laut, leise, lieb, knarrig, hart, zart, aggressiv sein. Gemeinsam suchen sie nach einem Namen für das Geräusch: Ein Pups-Geräusch von Raoul, ein Auto-Geräusch von Elsa, ein Vogelgezwitscher von Stella.

Welche Geräusche können Angst machen?
Felix läßt einen unheimlichen Wind aufheulen. Katrin pocht an der Tür. Jantja stößt schrille Schreie aus. Johanna jammert wie ein Gespenst.
Variation:
Geräusche, die hungrig, freudig, neugierig, mutig, traurig ... machen

Ein Gefühl zeigen – auf ein Gefühl reagieren
Die Spieler finden sich als Paare zusammen. Ein Spieler macht dem anderen Angst, der Partner hat mehrere Möglichkeiten zu reagieren. Sie probieren die Reaktionen aus. Anna macht Benjamin Angst, indem sie bedrohlich schreit. Erste Reaktion: Benjamin ist ängstlich. Sie frieren beide ihre Pose als Standbild ein und merken sich den Vorgang, um es später der Gruppe zu zeigen. Zweite Reaktion: Benjamin läßt sich nichts gefallen, und er wehrt sich. Wieder wird die Aktion zum Vorspielen gemerkt.
Variation:
Die Spieler überlegen sich andere Gefühle und Gegenreaktionen.

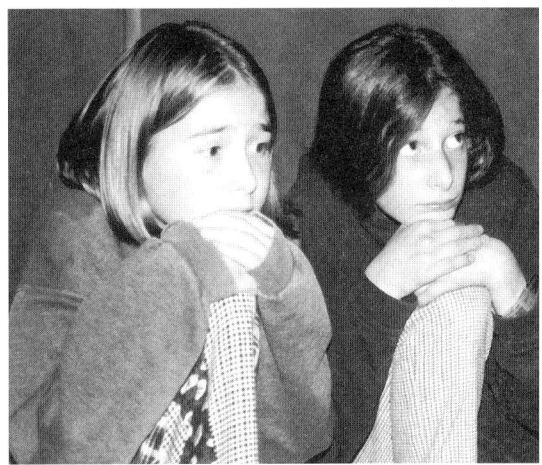

Gefühl-Figur aus Knete

Nina ist aus Knete und läßt sich von Maria formen. Maria bringt Nina in eine Angst-haben-Position. Wenn sie fertig ist, bleibt Nina eingefroren. Maria ergänzt die Figur. Sie sucht sich selbst eine Position, in der sie Schutz gibt, tröstet, beisteht...
Variation 1:
... oder ganz im Gegensatz dazu Angst macht, angreift
Variation 2:
Die Paare wählen ein anderes Gefühl, zum Beispiel Freude. Judika knetet Lotte in eine Freude-haben-Position. Judika stellt sich ergänzend dazu. Sie macht eine Grimasse, zeigt auf etwas oder umarmt Lotte.

Spielaufgabe: Was läßt welches Gefühl entstehen? »Was mir am meisten ... macht?«
In Vierergruppen überlegen die Spieler Situationen, Ereignisse, Anlässe, die ihnen am meisten Angst machen. Sie erfinden eine Szene, wo sie das Ereignis,

den Anlaß und die Situation darstellen und spielen sie einander vor.
Vorschlag:
Was mich am meisten freut, langweilt, interessiert, wütend macht, ärgert, traurig macht …

Spielaufgabe: Eine Szene zum Thema »Angst haben« – »Angst machen«
Szenen in Dreier-, Vierer- und Fünfergruppen:
1: Ein oder zwei Kinder sind allein zu Hause und hören merkwürdige Geräusche. Die Spieler produzieren die Geräusche. Was passiert? Was machen die Kinder?
2: Ein oder zwei Kinder haben sich im Wald oder in der Stadt verirrt. Sie bekommen Angst. Was passiert? Was machen die Kinder?
3: Ein paar Kinder stellen etwas an und haben nun Angst vor der Strafe.
4: Ein paar Kinder werden ausgeschimpft und bekommen eine Strafe.

Alle Gruppen erhalten genügend Zeit zum Vorbereiten einer Szene. Falls die Spieler sich auf die Spielidee einigen und ansonsten beim Vorspielen improvisieren, brauchen sie zum Üben fünf bis acht Minuten. Falls sie die Szene ausbauen und Verabredungen treffen, sollten sie bis zu zwanzig Minuten Zeit haben. Die Szene kann bis zum maximalen Punkt der Spannung aufgebaut werden, d.h. viele Geräusche, viel Angst, Variationen der Angst. Woher kommen die Geräusche? Gibt es eine dritte, vierte Person? Bewältigt der Spieler die Angst? Sind die Geräusche real, wenn ja, woher kommen sie? Oder sind sie Einbildung? Die Gruppen spielen sich gegenseitig vor und die Szenen werden wie folgt besprochen.
Was haben die zuschauenden Spieler gesehen, was haben sie wie gedeutet? Was wollten die Darsteller zeigen? Die anderen Gruppen erraten das Thema.

Improvisation: Was ist hinter der Tür?
Ein Spieler geht auf die Spielfläche, die anderen schauen zu. Der Spieler sieht eine imaginäre Tür, und er hört etwas. Er geht zur Tür und macht sie auf und wieder zu. Er hat etwas gesehen und zeigt den Zuschauenden, was er gesehen hat, ohne Sprache.
Die Spieler können häßliche, schreckliche, Angst machende, bedrohliche, schöne, verrückte, zauberhafte, unwirkliche, lustige Sachen, Menschen, Tiere, Fabelwesen hinter der Tür sehen. Sie drücken ihre Gefühle in der Reaktion aus. Die Zuschauer raten, welches Gefühl der Spieler hat.
Variation 1:
Sie raten, was der Spieler gesehen hat.
Variation 2:
Der Spieler spricht in der Szene mit der Grommolosprache.
Variation 3:
Die ganze Spielaufgabe wird mit Sprache gespielt.

Improvisation: Das ist hinter der Tür!
Direkt nach der Improvisation »Was ist hinter der Tür?«, reagiert der nächste Spieler mit seinem Spiel: »Das ist hinter der Tür!« und spielt das, was er sich vorgestellt hat beim Zuschauen. Es geht dabei nicht darum, daß er das spielt, was sein Vorspieler sich ausgedacht hat.
Zum Auflockern kann auch das Kreisspiel »Bärenjagd« eingesetzt werden.

Kreisspiel: »Wir gehen heute auf Bärenjagd«
Während des gemeinsamen rhythmischen Sprechens der Zeilen, ist viel, viel Aktion. Wie zum Beispiel: auf der Stelle laufen, das Messer und die Flinte zeigen, auf den Wald usw. deuten, Schwimmbewegungen…

*»Wir gehen heute auf Bärenjagd,
und wir haben gar keine Angst,
denn wir haben ein Messer,
und eine Flinte.*

*Oh, was ist denn das?
Ein Wald!*

*Da kommen wir nicht drüber,
da kommen wir nicht drunter
und auch nicht drum herum,
da müssen wir durch.*

Knick, knack, knick, knack!
Uff, geschafft!

Wir gehen heute auf Bärenjagd,
und wir haben gar keine Angst,
denn wir haben ein Messer
und eine Flinte.

Oh, was ist denn das?
Ein Fluß!

Da kommen wir nicht drüber,
da kommen wir nicht drunter
und auch nicht drum herum,
da müssen wir durch.

Pitsch, patsch, pitsch, patsch!
Uff, geschafft!

Wir gehen heute auf Bärenjagd,
und wir haben gar keine Angst,
denn wir haben ein Messer
und eine Flinte.

Oh, was ist denn das?
Ein Sumpf!

Da kommen wir nicht drüber,
da kommen wir nicht drunter
und auch nicht drum herum
da müssen wir durch.

Atsch, quatsch, atsch, quatsch!
Uff, geschafft!

Wir gehen heute auf Bärenjagd,
und wir haben gar keine Angst,
denn wir haben ein Messer
und eine Flinte.

Oh, was ist denn das?
Eine Höhle!

Da kommen wir nicht drüber,
da kommen wir nicht drunter
und auch nicht drum herum,
da müssen wir durch.

Tip, tap, tip, tap!
Uff, geschafft!

Oh, was ist denn da so weich und kuschelig?
Hilfe! Hilfe! Ein Bär!

Schnell zurück! Durch den Sumpf,
durch das Wasser, durch den Wald.
Uff, geschafft!

Wir waren heute auf Bärenjagd,
und wir hatten gar keine Angst.«

(Vgl. Kap. Identität, S. 35, Bewegungsvorschläge zu »Wir gehen heut als Clowns los«.)

Werkstatteinblick 1: Projekt »Gefühle: Angst – Mut – Freude – Trauer« – eine Werkschau

Gefühle in Farben und Formen
Die Spieler bringen die Gefühle »Angst« – »Mut« – »Freude« – »Trauer« in verschiedenen Farben und Formen zum Ausdruck. Sie sind in die vier Gruppen der Gefühle eingeteilt.
Für »Angst« sind sie in der Farbe schwarz, für »Mut« in der Farbe rot, für »Freude« in der Farbe gelb und für »Trauer« in der Farbe blau gekleidet.
Die Gruppen stellen die Gefühle nacheinander in Standbildern dar. Die schwarzen Angstdarsteller kauern sich eng aneinander mit der Angst im Bauch, die Arme verschränkt mit angstvollem Blick. Sie sind ein »Angstknoten«. Sie flüstern das Wort »Angst« mehr-

mals vor sich her. Die roten Mutdarsteller strahlen vor Neugierde und Elan, sie sind zielgerichtet miteinander verknüpft; wie ein »Mutpfeil« schießen sie nach vorne und rufen laut: »Mut«. Die blauen Trauerdarsteller lehnen sich traurig und ohne Energie aneinander, halten die Hände vor das Gesicht und murmeln: »Trauer«; sie sind wie eine »traurige Wand«. Die gelben Darsteller der Freude sind energiegeladen und öffnen die Arme nach oben; sie jauchzen das Wort »Freude«; sie formen einen »Stern der Freude«. Die Erzieherin kann mit ihren Spielern auch ganz andere Farben und Formen zu den Gefühlen assoziieren.

Im Kreuz der Gefühle
Auf der Spielfläche befinden sich imaginäre Linien, diese bilden ein Kreuz. In diesem Kreuz mit den vier Flächen befinden sich die vier verschiedenen Gefühle. Auf der einen Fläche ist »Angst«, daneben liegt »Mut«, dahinter »Trauer« und daneben »Freude«. Eine bunt gemischte Gruppe von sechs Spielern wechselt nun von Feld zu Feld und reagiert im entsprechenden Feld mit dem angegebenen Gefühl. Eine Sprecherin von außen teilt dem Zuschauer mit, in welchem Gefühlsfeld die Gruppe ist. Eine zweite Gruppe begeht die Felder und zeigt ihre Reaktionen. Wichtig ist der Wechsel der Gefühle.
Es ist spannend zu sehen, wenn aus Angst, Mut wird, aus Mut, Trauer und aus Trauer, Freude.

Gefühle spiegeln
Die Spieler betreten als Paare die Spielfläche. Sie verteilen sich im Raum. Die Paare stehen sich am Anfang ganz eng gegenüber, im Laufe des Spiegelns gehen sie immer weiter auseinander. Die Paare spiegeln die Gefühle ihres Partners.
Es kann ganz langsam sein, so daß die Zuschauer nicht erkennen, wer anfängt und die Gefühle vorgibt. Verändert sich etwas, wenn die Partner auseinandergehen?
Beeinflussen sich die Paare gegenseitig?

Gefühle in Bildern
Die Gruppen suchen in ihren Farben nach ausdrucksvollen Bildern der Gefühle und formen dazu ein Standbild. Die »schwarze Angst« stellen sie als Spinne, Krake, Ungeheuer, Sog, Stein..., den »roten Mut« als Finger, Wirbel, Blitz, Bär, Tiger..., die »gelbe Freude« als Blume, Käfer, Schmetterling, Vogel, Feder... und die »blaue Trauer« als Regen, Wolke, Höhle dar.

Spielaufgabe: Gefühle verdrängen
Gefühle verdrängen wird von den Spielern in Standbildern vorgestellt.
Variation 1:
Die Spieler stellen sich in ihren farbigen Gefühlsgruppen bereit, und die erste Gruppe stellt das Gefühl Freude auf der Bühne als Standbild dar. Die Trauer geht dazu und verdrängt die Freude, und die Trauer macht sich breit. Die Freude geht entweder ab oder paßt sich dem Ausdruck der Trauer an.
Variation 2:
Die Spieler überlegen sich eine Szene, in der ein Gefühl zuerst vorherrscht und dann durch ein Ereignis, einen Gedanken, eine Person oder ein Gespräch verdrängt wird.

Spielaufgabe: Kampf der Gefühle
Die Spieler stellen den Kampf der Gefühle in Standbildern vor.
Variation 1:
Die Spieler überlegen sich eine Darstellung, in der die Gefühle miteinander kämpfen.
Variation 2:
Der Spieler hat einen inneren Konflikt. Verschiedene sich widersprechende Gefühle arbeiten an und in ihm. Die Gefühle werden von Spielern dargestellt, die ihre Position vertreten.
Variation 3:
Zwei bis drei Spieler haben einen Konflikt. Jeder hat eine andere Position. Sie tragen den Konflikt sehr emotional aus.

Spielaufgabe: Gefühlswirrwarr
Die Spieler stellen den Gefühlswirrwarr in Standbildern vor.

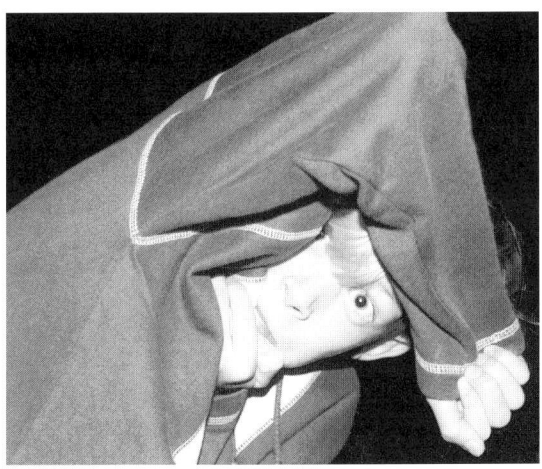 

Variation 1:
Die verschiedenen Darsteller in ihren Farben der Gefühle drehen sich umeinander. Alle wollen durch die Mitte. Es ist ein Kampf um die Mitte.

Variation 2:
Die Spieler erfinden eine Szene, in der sich ein oder mehrere Spieler in einem Gefühlswirrwarr befinden.

Eine Gefühlskette bilden
Die Spieler stehen im Halbkreis, der äußerste beginnt mit einem Gefühl, zum Beispiel Freude. Er gibt es an seinen Nachbarn weiter, dieser nimmt es auf und verändert das Gefühl in Angst. Es geht immer so weiter. Die Betonung der Darstellung liegt auf Gesichtsmimik. Es ist ein stummes Spiel ohne Sprache, der Nachbar weiß nicht, welches Gefühl kommt.

Variation 1:
Die Betonung der Darstellung liegt auf der Gestik der Hände.

Variation 2:
Die Gefühle werden durch Lautmalereien verstärkt.

Variation 3:
Die Gefühle werden mit dem ganzen Körper weitergegeben.

Spielaufgabe: Das Kino der Gefühle
Die Spieler sitzen auf Stühlen oder stehen in einer Reihe nebeneinander. Sie haben eine Folge von Gefühlsreaktionen fest verabredet. Sie spiegeln die Gefühle, die sie sehen, oder reagieren mit Gefühlen auf das, was sie sehen. Um die Gefühle optisch zu verstärken, sind der Gesichtsausdruck, die Körperreaktion und -haltung, die Gestik bei allen Spielern gleich. Der Zuschauer hat den Eindruck, sie sehen alle einen Film oder eine bewegende Szene. Die Reihenfolge könnte so sein:
1. Entspannt und fast gemütlich zusehen.
2. Erstaunen, Mund öffnen, Kopf vorstrecken.
3. Hände als Faust ballen, aneinander reiben, verkniffen schauen.
4. Vor Schreck die Hände und Arme öffnen.
5. Die Hände vors Gesicht schlagen, den Kopf einziehen.
6. Langsam die Hände vom Gesicht wegziehen.
7. Erleichtert die Schultern heben, lächeln, die Arme verschränken.

Spielaufgabe: Das Kino der Gefühle mit dem Rücken zum Zuschauer
Die Spieler sitzen auf Stühlen, aber mit dem Rücken zum Zuschauer. Sie probieren die Wirkung der Gefühle aus.
Was wird ohne Gesichtsmimik und ohne vordere Körperansicht noch deutlich? Sie überlegen sich eine Folge von Gefühlen, die sie gut mit ihrer Hinteransicht vermitteln können.

Spielaufgabe: Von einem Gefühl bestimmt
Die Kinder spielen in einer Vierergruppe eine Szene, in der ein Gefühl dominiert.
Angst haben: Die Kinder sind allein zu Hause und hören ein merkwürdiges Geräusch.
Mutig sein: Die Spieler entdecken etwas in weiter Ferne und beschließen, es sich anzuschauen.
Traurig sein: Die Spieler haben gerade eine schlechte Nachricht erhalten und sind deshalb sehr traurig.
Sich freuen: Die Spieler freuen sich sehr, weil sie etwas dürfen, was sie schon immer machen wollten.
Die Spielaufgaben sind bewußt sehr allgemein gehalten. Die Erzieherin sollte aber darauf achten, daß die Spieler um so konkreter sind. Also, was steckt hinter dem merkwürdigen Geräusch, warum sind die Spieler allein zu Hause, was ist da in weiter Ferne, und wo ist die weite Ferne, welche schlechte Nachricht haben die Spieler erfahren, was wollten die Spieler schon immer machen, und wie zeigen sie ihre Freude.
Die Spieler können auch selbständig den Szeneninhalt überlegen und entscheiden.

Spielaufgabe: Im Wechselbad der Gefühle
Die Gefühle »Angst«, »Mut«, »Freude« und »Trauer« sind sehr gegensätzlich. Die Spieler spielen in einer Vierergruppe eine Szene, in der alle vier Gefühle nacheinander vorkommen.
Variation 1:
Alle vier Gefühle ihrer Wahl kommen vor.
Variation 2:
Sie frieren die Szene kurz ein, wenn das neue Gefühl kommt.
Variation 3:
Die Gefühle kommen gemeinsam nebeneinander vor. Sie verbinden mit Hilfe einer Szene die Gefühle zu einem logischen Zusammenhang.

Werkstatteinblick 2: Projekt »Monster und Gefühle« – eine Werkschau

Monster verhalten sich anders als Menschen. Sie halten mit sich und ihren Gefühlen nicht hinterm Berg und zeigen nur zu deutlich, was mit ihnen los ist. Sie lachen so laut, daß das Haus einfällt. Sie sind so hungrig, daß sie den Kühlschrank leer essen. Sie sind so wütend, daß sie vor Wut platzen. Darauf haben die Spieler schon lange gewartet: wild, böse, frech, lustig, laut, nervig und monströs zu sein. Los geht es!

Monsterstandbild
Zu einer wilden Musik bewegen sich alle im Raum verteilt. Bei Musikstop stellt jeder für sich ein Monster dar und friert die Figur ein. Das Monster kann ganz breit oder riesig sein, Mund und Augen aufreißen, die Krallen zeigen oder eine Grimasse schneiden. Wieder spielt die Musik. Beim nächsten Musikstop bilden die Spieler zu zweit ein Wutmonster. Später folgen Angstmonster, Lustmonster usw. Die Monsterstandbilder werden zu dritt und zu viert dargestellt.

Monstertanz der Gefühle
Die Spieler tanzen als Monster auf der Bühne. Sie haben vier verschieden Gefühle, wie Wut, Freude, Angst, Neugierde vereinbart, die sie hintereinander darstellen. Sie fixieren alle den gleichen Punkt und wandeln ihr Gefühl gleichzeitig.

Jedes Monster zeigt ein Gefühl
Die Spieler bleiben im Raum verteilt zu zweit als Monster stehen. Sie sind ein sehr schüchternes, ängstliches Monster, ein ganz wildes, feuriges Monster oder ein trauriges Heulmonster. Eine/r spielt den Ansager und gibt allen Monstern Namen und stellt sie vor.
Ansager: »*Sehr verehrtes Publikum, Sie sehen hier ein ganz seltenes, wertvolles, aber ungeheuerliches Exemplar. Schauen Sie diese hängenden Arme, das ist das Trauerkloß-Monster!*«

Monstertreffen

Zwei Monster begegnen sich. Das eine ist sehr ängstlich, das andere ist sehr frech. Das ängstliche wird immer weniger ängstlich und immer frecher, das andere wird immer ängstlicher.

Sie tauschen ihre Gefühle aus. Mehrere Monster mit ganz gegensätzlichen Gefühlen begegnen sich und wechseln oder tauschen ganz allmählich gut sichtbar ihre Gefühle aus.

Zwei Monster mit gleichen Gefühlen treffen aufeinander. Sie wechseln beide in ein neues Gefühl, ein gleiches oder ein verschiedenes.

Monstersprache

Die Monster erzählen über ihr Lieblingsessen und was sie so den ganzen Tag machen. Dafür verwenden sie eine eigene erfundene Monstersprache, auch Unsinnsprache genannt.

Monster: »*Trri lulu qua qua ta schum no na na rutsch flatsch hr hr!*«

Dazu bewegt das Monster seine Hände und begleitet damit seine Geschichte. Der Ansager kann nun auch in kleinen Abschnitten übersetzen, was das Monster sagt oder erzählt. Das Monster macht auch Pausen für die Übersetzung.

Monsterspaziergang

Alle Monster liegen im Raum und schlafen. Sie machen Schlafgeräusche. Langsam wachen sie auf, strecken sich und schreien lauthals ihren Morgenruf. Sie springen sich wach und gehen auf Nahrungssuche. Sie finden Würmer in der Erde, pflücken Äpfel, fangen Vögel und Fische, oder saugen sie Blut? Satt wandern sie los, die Sonne scheint, es windet, der Wind wird stärker und stärker, ein Sturm. Es fängt an, in Strömen zu regnen, das Wasser steht den Monstern bis zu den Knöcheln, Knien, Hüften, Bauch, Hals. Sie schwimmen zu einer Insel und klettern auf Felsen, sie schauen sich um und sehen viele Monster. Sie freuen sich und ahmen sich gegenseitig nach. Sie tanzen zusammen den Monstertanz. Der Monsterspaziergang wird von der Erzieherin oder einem Kind erzählt, und die Monster handeln danach. Oder es wird ganz ohne Sprache einfach dargestellt.

Monsterkostüme

Die Monster können natürlich geschminkt und verkleidet werden. Die Spieler suchen sich Monstermantel, Monsterumhang, Monsterfell oder Monster-T-Shirt. Mit Hut, Perücke, Badekappe, Nylonstrumpf, Fransen, Tuch, Haarspray kann sich der Kopf sehr verändern.

Fünftes Kapitel: # Familie

Nina, 14 Jahre: »*Vater wäre eine gute Rolle, da er sich um die Familie kümmert, Sachen arrangiert, lustig ist und Lockerheit in die Familie bringt.*«

Spielideen zum Thema »Familie«

Familienspiel

Die Spieler stehen im Kreis. Die Spielfläche ist innerhalb des Kreises. Das Spiel funktioniert nach dem Muster des Baumspiels. (Vgl. Kap. Identität, S. 22.) Der erste Spieler geht in den Kreis, nimmt die Pose der Mutter ein und sagt: »*Ich bin die Mutter.*« Der zweite erklärt: »*Ich bin das Baby*« und spielt das Baby. Der dritte: »*Ich bin die Tante*« und nimmt die Positur der Tante ein. Danach geht der erste Spieler raus und nimmt jemand seiner Wahl mit. Nun wird wieder zugeordnet.

Variation 1:
Bis auf Mutter oder Vater darf jedes Wort nur einmal vorkommen. Dabei gelten aber Ersatzwörter wie Papi, Pflegekinder, Halbgeschwister usw.

Variation 2:
Zu den Familienmitgliedern werden auch Gegenstände, wie Haus, Schnuller, Bett, Löffel, dazugenommen. Pro Runde allerdings nur einer.

Variation 3:
Zu Personen und Gegenständen werden auch noch die Gefühle eingesetzt.

Variation 4:
Die Erzieherin stoppt eine Familienkonstellation und die drei Spieler improvisieren eine Szene mit den Personen, Gegenständen oder Gefühlen, die Standbild sind.

Lückenimprovisation – Ergänzen
Die Spieler stehen im Kreis. Ein Spieler geht in die Kreismitte und macht eine große in den Raum greifende exponierte Bewegung als Standbild. So, daß für die anderen Spieler Lücken entstehen, die gefüllt werden oder ergänzt werden können. Ein zweiter Spieler geht von sich aus in den Kreis und fügt sich in die Lücken ein, ein dritter Spieler geht ergänzend dazu. Die Spieler berühren sich nicht. Darauf löst sich der erste wieder heraus. Aus dem Kreis tritt ein neuer Spieler mit einer neuen Ergänzung. Die Formen und Positionen haben keine bewußte Bedeutung. Nonverbale Geschichten können sich aber entwickeln.
Falls sich ein Bild ergibt, das für die Erzieherin eine Aussage hat, läßt sie das Standbild etwas länger einfrieren und fragt die Spieler nach ihrer Assoziation: *»Was seht ihr da?« »Was könnte das bedeuten, darstellen?«* Manchmal ergeben sich Bilder der Umarmung, der Geborgenheit, eine Höhle, Leute die sich annähern, ein Knäuel, ein Stern, ein Berg, ein Kampf...
Es kann auch unterschiedliche Assoziationen wecken.
Variation 1:
Die Spieler können sich auch berühren.
Variation 2:
Die Spieler begleiten ihre Bewegung mit einem Geräusch oder einer Lautmalerei.
Variation 3:
Die Spieler sprechen dazu einen Satz oder machen eine Aussage.

Assoziationskreis: »Was fällt dir zu Familie ein?«
Die Spieler sammeln Worte, die ihnen ganz spontan und schnell einfallen. Die Spieler stehen im Kreis. Sie finden einen gemeinsamen Sprech- und Bewegungsrhythmus. Wie zum Beispiel einen Schritt zur Mitte gehen, die Arme nach oben heben, und wenn die Arme oben sind, wird das Wort (Nomen) gesprochen.

Folgende Wortreihen könnten entstehen:
Familie – Mutter – Vater – Kinder – Bett – Schlaf – Traum usw.
Familie – Fernsehen – Programm – Streit – Chips – Cola usw.
Familie – Krach – Nachbarn – Ärger usw.
Die Wortreihen werden hinterher oder währenddessen von der Erzieherin aufgeschrieben. Die Wortreihen können auch aus Adjektiven oder Verben bestehen. Diese Art von körperbewegtem Brainstorming führt auf eine lebhafte und spontane Weise das Thema ein. Die Wortreihen machen Spaß, vereinen die Gruppe und bilden Material zum Spielen.

Familien bilden
Die Spieler gehen kreuz und quer im Raum umher. Sie berühren sich nicht. Sie nutzen den ganzen Raum. Viele Kinder kennen keine Familie, auch das kann ins Spiel eingebracht werden.
Die Erzieherin ruft: *»Familie bilden zu fünft!«* Alle Spieler bilden blitzschnell ein Standbild als Familie. In diesen »Familien« wird die nächste Spielaufgabe durchgeführt.

Familienstandbilder
Im Kreis überlegen sich die Spieler häufige und typische Familiensituationen und stellen diese als Standbild dar. Sie bilden eine Fünfergruppe.
Familiensituation: Die Familie ist beim Essen. Morgens beim Aufstehen. Alle müssen ins Bad.
Ein Kind will sich nicht anziehen. Ein Kind will nicht in den Kindergarten oder die Schule. Ein Kind will nicht schlafen gehen. Die Kinder sind beim Hausaufgabenmachen. Ein Jugendlicher will abends lange ausgehen. Die Gruppen suchen Themen, und später beim Vorspiel raten die Zuschauer.

Familienstandbilder lesen
Beim Vorführen in der Gruppe führt die Erzieherin das Standbildlesen ein. Nacheinander reproduzieren die Gruppen ihr Standbild. Mit den folgenden Fragen wendet sich die Erzieherin an die zuschauenden Spieler. Die aktiven Spieler frieren ihr Standbild über die

ganze Diskussion über ein und antworten nur, wenn sie direkt befragt werden.
Erzieherin: »*Was wird in diesem Standbild dargestellt? Kennt ihr die Situation?*«
Darauf gibt es viele mögliche Antworten. Die Erzieherin geht zum Standbild, legt die Hand auf ein Familienmitglied oder einen Gegenstand oder ein Haustier mit der Aufforderung: »*Was denkt deine Figur jetzt?*« »*Was fühlst deine Figur?*« »*Was würdest du gerne tun?*« Danach haben die Zuschauenden Gelegenheit, sich hinter oder neben eine Figur zu stellen und ihre Gedanken, Gefühle und Wünsche zu sagen.
Variation 1:
Aus dem Standbild heraus entwickelt sich eine Szene.
Variation 2:
Die daraus entstandene Szene wird in Grommolo gesprochen.
Variation 3:
Ein Familienstandbild wird von einer oder mehreren Gruppen gespiegelt bzw. nachgestellt. Jede Gruppe entwickelt eine andere Szene aus dem gleichen Standbild.

Familienstandbilder mit Extremen
Was ist besonders schön in der Familie? Was ist besonders schlimm in der Familie?
Die »Familien« bekommen neue Aufgaben, um ihr Standbild zu variieren. Sie sollen mit dem Standbild ins Extreme gehen. Sie können auch neue Standbilder entstehen lassen:
Eine stolze Familie. Eine Familie, die zusammenhält. Eine Familie, die sich gerne hat. Eine Familie, die sich gerade gestritten hat. Eine Familie, die schlechte Laune hat. Eine Familie im Streß.
Variation 1:
Das Standbild wird in drei Standbilder untergliedert. Die Standbilder zeigen eine Entwicklung.
Variation 2:
Die Gruppe entwickelt eine Szene aus ihrem Extremstandbild.
Variation 3:
Die konträren Standbilder oder Szenen werden gegenüber gestellt.

Familienstandbild oder -szene
Die Themen der Standbilder können natürlich ebenso als Impulsgeber für das szenische Spiel gelten. Für manche Gruppen ist es erst einmal einfacher, mit Standbildern zu arbeiten. Für andere gilt genau das Gegenteil, sie fühlen sich bei den Standbildern eingeengt und unterfordert. Ihnen liegt das Entwickeln und Improvisieren von Szenen viel mehr. Oft fragen die Spieler dann auch rechtzeitig, ob sie die Situation jetzt mal »richtig« spielen können. Es lohnt jedoch, zwischendurch immer wieder die Standbildmethode zu verwenden. Die Standbilder präzisieren das Spiel und die Aussage.

Standbilder aus dem Familienalbum
Die Spieler gehen im Raum kreuz und quer. Bei stop finden sie zum Standbildfoto zu fünft zusammen. Die Spieler überlegen sich Themen, die unbedingt ins Fotoalbum der Familie gehören. Eventuell ermuntert die Erzieherin die Spieler, Fotos oder Fotoalben mitzubringen. Beim gemeinsamen Anschauen kriegen sie Ideen für ihre Familienfotos.
In ihren Fünfergruppen erarbeiten sie selbständig eine Folge von Fotos, die sie unbedingt im Album brauchen. Die Erzieherin begrenzt die Zahl auf fünf oder zehn Bilder. Die Fotos sind Standbilder. Alle Familienmitglieder sollten darauf abgebildet werden. Die Familie sollte ganz aktiv sein, ein Schnappschuß. Motive: Urlaub, am Strand, im Auto, in den Bergen, der Geburtstag, Weihnachten, eine Party, auf dem Boot...
Beim Präsentieren des Fotoalbums werden die Fotos nach dem »Klick« aufgelöst.
Variation 1:
Die Fotos sind ganz steif und förmlich, sie haben etwas Gezwungenes.
Variation 2:
Eine Serie von mißglückten Fotos. Die Familie oder einzelne Mitglieder sind schlecht oder lächerlich getroffen, man sieht sie nur halb oder von hinten usw.
Variation 3:
Eine Serie mit peinlichen Fotos. Eine Serie zu einem bestimmten Thema.

Variation 4:
Die Spieler erfinden für jedes Foto einen passenden oder witzigen Untertitel. Und kündigen ihn bei der Präsentation an.
Variation 5:
Die Zuschauer raten den Anlaß für das Foto. Oder sie raten, wo das Foto gemacht wurde, was für ein Wetter auf dem Foto ist, wer das Foto gemacht hat.
Variation 6:
Die Familie hat Portraits machen lassen von einzelnen Mitgliedern, sie sind ganz typisch getroffen. Sie sind ganz sorgfältig inszeniert.
Variation 7:
Eine Fotogeschichte. Die Folge der Fotos stellt eine Geschichte dar.
Variation 8:
Die Spieler erfinden eine Szene, in der fotografiert wird. Das Fotografieren ist aus irgendeinem Grunde schwierig. Es fehlt zum Beispiel immer jemand, oder es passiert ein Mißgeschick, oder es ist kein Film in der Kamera usw.
Variation 9:
Die Gruppe nimmt ein Foto ihrer Wahl. Das Foto ist der Ausgangspunkt, Endpunkt oder Höhepunkt einer Szene.

Spielaufgabe: Verdrehte Familie
Die Spieler bilden wieder neue Familien und überlegen sich Szenen, bei denen Kinder und Eltern ihre Funktionen vertauschen. Was passiert, wenn...? Was passiert, wenn die Eltern den Kindern gehorchen? Was passiert, wenn die Eltern schrumpfen und kleiner als die Kinder sind?
Was passiert, wenn die Eltern in die Schule gehen und die Kinder zur Arbeit? Was passiert, wenn die Eltern gefüttert werden müssen? Der verdrehten Familie kann man die Situation der normalen Familie gegenüberstellen.

Spielaufgabe: Die häufigsten Konflikte
Die Spieler suchen die häufigsten Konflikte mit der Mutter, dem Vater, der Schwester, dem Bruder, der Oma, dem Haustier. Sie erfinden dazu eine Szene:

Das Kind möchte noch fernsehen, aber es muß aufhören. Der große Bruder muß auf die kleine Schwester aufpassen. Die Kinder müssen ihr Zimmer aufräumen und haben keine Lust.
Nina, 14 Jahre: »*Wenn ich etwas unzufrieden bin, lasse ich meine schlechte Laune an meiner Schwester aus.*«
Lotte, 14 Jahre: »*Mit meiner Mutter gibt es immer wieder Konflikte, sie kann ganz schön zickig sein, wenn ich weggehen will.*«
Maik, 13 Jahre: »*Mit Eltern gibt es immer Konflikte, die man gut in ein Theaterstück einbauen kann.*«
Eva, 13 Jahre: »*Ein Konflikt, der immer wiederkommt: die Verteidigung gegen die doofen Übergriffe meines kleinen Bruders.*«

Gegenseitiges Beschimpfen in der Familie
Das gegenseitige Beschimpfen (vgl. Kapitel Konflikt – Streit, S. 71) können die Spieler auch für die Eltern-, Eltern-Kind- und Geschwisterkonflikte einsetzen. Die Spieler bilden Gruppen zu fünft. Es bilden immer zwei Gruppen ein Streitpaar. Die eine Gruppe sammelt Vorwürfe, Mahnungen, Beschimpfungen, Befehle der Eltern an die Kinder, die Gegengruppe solche der Kin-

der an die Eltern. Oder zwischen den Geschwistern, z.B. der große Bruder an die kleine Schwester und umgekehrt. Oder Vater an die Mutter, die Mutter an den Vater. Jede Gruppe notiert für sich, auf einem Papier gut lesbar sechs bis acht Sätze. Gruppe A formiert sich als Haufen, der kleinste steht vorne und hält das Blatt mit den Schimpfwörtern in der Hand. Gemeinsam, wie eine Person und wie aus einem Munde, lesen die Spieler den ersten Satz. Die Gegengruppe antwortet.

Werkstatteinblick 1: Projekt »Familie« – eine Werkschau

Familienstandbild
Die Spieler betreten nacheinander die Spielfläche, nehmen ihre Position ein, geben das Stichwort und frieren ein. Es sieht aus wie spontan erfunden und es ist eine assoziative Wortkette, die aber konstruiert sein kann. Nach und nach ergibt sich ein großes Standbild. Die Wortkette könnte so lauten:
Familie-Kinder-Mutter-Vater-Verwandschaft-Familie-Zusammenhalt-Einheit-Geborgenheit-Streit-Ärger ...
Es kommt ganz auf die Aussage an, die die Gruppe machen möchte, ob mehr harmonisch, Konflikt orientiert oder zu einem bestimmten Thema. Es ist auf jeden Fall der Beginn und und führt uns ins Thema ein.

Familienstandbilder
Die Gruppen zeigen nun ihre verschiedenen Standbilder zu den typischen Familiensituationen. Eine Sprecherin oder die Standbildgruppe nennt den Titel, das Thema, die Überschrift. Das Publikum liest die Familienstandbilder. Ein Spieler oder die Erzieherin läßt nun das Publikum zu den Bildern assoziieren. Sie fordert das Publikum ganz direkt auf mit den Fragen: Was macht unsere Familie? Können sie sich denken, worum es hier geht? Meistens haben die Spieler und die Zuschauer viel Spaß am Entschlüsseln der Standbilder.

Assoziationskreis: Was fällt dir zu Familie ein?
Das Spiel wird von zehn Spielern vorgeführt. Sie stehen im Halbkreis oder sogar im Kreis. Die Wortreihen sind jetzt natürlich verabredet. Durch einen Break im Spiel, einen Bruch wird das Spiel unterbrochen. Das könnte so aussehen: Ab und zu taucht ein Verb, auf und die Tätigkeit wird von allen im Kreis gleichzeitig ausgeführt.

Standbilder aus dem Familienalbum
Die Spielergruppen zeigen eine Auswahl ihrer Familienstandbilder und Szenen mit den Variationen. Die Spieler kündigen ihre Szenen selbst in der Gruppe an oder ein Sprecher übernimmt die Aufgabe.
Variation 1:
Ein Sprecher führt das Thema Fotografieren in der Familie ein. Zum Beispiel berichtet er über die Anlässe, die Schwierigkeiten oder die Notwendigkeit des Fotografierens.
Variation 2:
Die Spieler improvisieren einen Vortrag über das Fotografieren. Zwei Spieler, einer ist der Sprecher und der andere leiht ihm seine Arme. Der Arme-Spieler steht hinter dem Sprecher, frontal nicht sichtbar und streckt seine Arme, durch die nach hinten verschränkten Arme des Sprechers. Der Arme-Spieler hat eine merkwürdige, eingeschränkte Gestik. Die Gestik beeinflußt den Monolog und die Sprache die Gestik.

Gegenseitiges Beschimpfen in der Familie
Die Spieler nehmen die Position der Eltern und Geschwister ein. Jeder Spieler hat ein oder zwei Sätze, die er wiederholt. Er variiert dabei seine Gesten. In der Mitte oder vorne an der Spielfläche steht das Kind. Er oder sie reagiert körperlich auf die Befehle und Fragen. Der Betroffene zuckt, wechselt den Ausdruck, arbeitet mit den Augen. Die Worte sind wie Schläge oder Stöße, er schützt sich, er fühlt sich getroffen. Oder der Betroffene wehrt sich. Der Betroffene antwortet. Eltern, Geschwister: Hast du dein Bett schon gemacht? Und was ist mit den Hausaufgaben? Beeile dich! Putz dir die Zähne. Du benimmst dich unmöglich! Hast du die Hausaufgaben? Bist du aufgestanden? Was ist mit

dem Klavier-Üben? Und Theaterkurs? Komm nicht zu spät. Rauchst du? Mach den Fernseher aus! Hast du dein Zimmer aufgeräumt? Hör auf zu Telefonieren. Sitz gerade!

Werkstatteinblick 2: Projekt »Tiere« – eine Werkschau

Für die Kleinen: **Tiernamenspiel**
Die Werkstatt beginnt mit dem Tiernamenspiel. Jeder Spieler stellt sein Tier vor und bewegt sich dazu entsprechend. Danach friert er die Bewegung ein. Die Übung wird im Halbkreis gezeigt.
Variation 1:
Die Spieler stehen gut verteilt auf der Spielfläche.
Variation 2:
Jedes »Tier« nimmt noch ein Geräusch dazu.

Tierfamilienstandbild – Wo wohnt die Tierfamilie?
In Fünfergruppen entscheiden sich die Spieler für eine Tierart und bilden eine Tierfamilie. Mäuse, Maulwürfe, Kaninchen, Frösche, Hamster, Amseln, Enten, Füchse, Bären, Tiger, Löwen, Schmetterlinge, alles was das Herz begehrt, steht zur Auswahl. Die Tierfamilien stellen sich vor und bilden ein Standbild zu ihrer Behausung. Die Amseln kuscheln sich wie in einem Nest zusammen. Die Mäuse schauen aus ihrer Höhle…

Tiere unterwegs
Die Tierfamilie ist im Gelände unterwegs. Mit Führen und Folgen (vgl. Familienspaziergang, S. 64) bewegen sie sich durch imaginäre Büsche, über Baumstämme, durch Bäche, durch Gras, durch einen Kanal, unter der Erde, im Himmel… Die Tierfamilie muß mindestens drei Hindernisse überwinden.
Die Gruppen zeigen sich gegenseitig ihre Wanderwege. Die zuschauenden Spieler raten die Tierart und den Verlauf des Weges.

Eine kleine Tiergeschichte
Die Spieler spielen eine Episode aus dem Leben der Tierfamilie. Sie arbeiten mit den folgenden Stichpunkten: Im Nest, in der Höhle, in der Behausung, auf Nahrungssuche, ein Tierkind geht verloren, die Tierfamilie wird bedroht, die Tierfamilie auf der Flucht.
Variation 1:
Die Szene ist ganz ohne Sprache.
Variation 2:
Die Szene wird nur mit einer erfundenen Tiersprache, d.h. Lautmalereien, gesprochen.
Variation 3:
Die Szene wird ganz normal gesprochen.
Die einzelnen Gruppen zeigen nacheinander eine kleine Tiergeschichte. Wieder können einzelne »Tiere« die Gruppen als Sprecher ankündigen.

Sechstes Kapitel: # Konflikte – Streit

Elsa, 13 Jahre: »Ich spiele nicht Theater, um den langweiligen Alltag nachzuspielen, sondern um Liebe, Haß, Eifersucht, Raserei zu erleben und zu spielen.«

Spielideen zum Thema »Konflikte – Streit«

Abklatscherkreis
Die Spieler stehen im Kreis, und die Erzieherin klatscht in die Hände. Dabei schaut sie ihrem Nachbarn Maik direkt in die Augen. Maik nimmt den Klatscher auf und gibt ihn an seinen Nachbarn Julian weiter. Das Spiel geht zügig und konzentriert im Kreis herum. Wichtig sind der Augenkontakt und der fast rhythmische Klatschabtausch. Landet der Klatscher wieder bei der Erzieherin, erweitert sie das Spiel durch einen Richtungswechsel. Jeder Spieler kann seinen Klatscher entweder nach rechts oder nach links abgeben. So entstehen zwischen den Spielern kleine Wettkämpfe, wenn der Klatscher immer wieder zwischen Raoul und Josi hin und her geht. Die Erzieherin wirft nun den Klatscher in den Kreis zu einem Gegenüber. Jetzt kann jeder jederzeit drankommen. Der Klatscher muß deutlich mit Blickkontakt ausgesandt werden.

Im Raum: Antäuschung
Die Spieler laufen kreuz und quer durch den Raum. Sie berühren sich nicht. Das Tempo gibt die Erzieherin vor. Wenn sich im Vorbeilaufen zwei Spieler begegnen, fixieren sie sich mit den Augen und täuschen Schritte an, weichen aus, umtanzen sich. Die Erzieherin ruft: »stop!« Alle frieren die Bewegung ein. Sie finden als Paare zusammen und bilden das Standbild »Kampf«, »Streit«, »Konflikt«, »Spiel«, »Ärger« oder »Gewalt«. Beim letzten Stop bleiben sie im Standbild zusammen.

Variation 1:
Das Antäuschen ist spielerisch und locker.
Variation 2:
Das Antäuschen ist weich und zart.
Variation 3:
Das Antäuschen ist aggressiv und gefährlich.
Variation 4:
Durch ein erhöhtes Lauftempo werden die Begegnungen schwieriger und wilder.
Variation 5:
Das Lauftempo wird reduziert bis zur Zeitlupe.
Variation 6:
Begegnen sich zwei Kinder; hat eines von ihnen einen imaginierten Ball. Sie umtrippeln sich und spielen Ball.
Variation 7:
Alle Spieler haben beim Laufen einen Ball, den sie vor sich her werfen oder auf den Boden prellen.

Fingerkampf
Die Spieler laufen kreuz und quer durch den Raum. Beim Stop finden sich die Paare zum Standbild »Kampf« zusammen. Die Paare arbeiten gleichzeitig. Bei diesem Kampfspiel versuchen Elsa und Stella, sich mit dem Zeigefinger gegenseitig auf dem Rücken zu berühren bzw. zu tippen. Die zweite Hand darf nicht eingesetzt werden. Den Partner festhalten und andere Gemeinheiten gelten nicht. Nacheinander führen die Spieler paarweise vor.
Variation:
Die Paare versuchen, sich mit dem Finger auf dem Bauch zu berühren.

Bestimmerspiel
Die Spieler gehen wieder als neue Paare zusammen. Moritz ist der »Bestimmer« und hält seine Handfläche vor Phillip. Mit der Nase dicht an der Handfläche von Moritz folgt Philipp allen Bewegungen und Wegen im Tempo von Moritz. Das kann manchmal sehr unangenehm und mühsam am Boden ent-

lang gehen, immer im Kreis herum, mal ganz hoch, kreuz und quer, ganz runter, schnell oder in Zeitlupe. Die Erzieherin läßt einige oder alle Paare das Zusammenspiel vormachen. Danach wird gewechselt. Philipp ist nun der »Bestimmer« und Moritz folgt. Die Erzieherin bespricht mit den Spielern die Erfahrung. Es zeigt sich, daß manche Spieler lieber nur folgen und manche gerne bestimmen. Einige fühlen sich wohl bei beiden Spielen.
Variation:
Ein »Bestimmer« führt an jeder Hand ein Kind.

Gestik-Kreis-Provokation
Die Spieler stehen im Kreis und überlegen sich provozierende Gesten. Reihum zeigt jedes Kind eine Geste, wie: Faust, Finger, Wegwerfbewegung, Abwinken, Daumen nach unten, Finger kreuzen, Wegschieben, Abwehren. Die anderen Spieler spiegeln jeweils gemeinsam die Geste.
Variation 1:
Die Geste wird als Standbild eingefroren, und die Kinder bewegen sich erst wieder bei der neuen Geste.
Variation 2:
Zur Geste kommt ein Laut oder ein Geräusch, das die Geste unterstützt wie: »*Pah, Heh, Wumm, Tschak, Zong...*«
Variation 3:
Die Geste wird ganz normal dargestellt und dann vergrößert, das heißt übertrieben, so daß die Aktion viel Kraft und Anstrengung kostet. Die Spannung und Anstrengung wird dann wieder beim Verkleinern der Geste erneuert oder beibehalten.

Angriff- und Abwehrspiel
Die Spieler teilen sich in zwei Gruppen. Die beiden Gruppen stehen sich mit einigen Metern Abstand gegenüber. Sie bilden jeweils eine Gerade. Aus ihrer Mitte wählt die Erzieherin je einen freiwilligen Anführer oder Vormacher. Der Anführer der ersten Gruppe macht eine Angriffsbewegung mit Geräusch vor. Seine Gruppe ahmt ihn nach und friert ein. Der Anführer der zweiten Gruppe reagiert mit einer Abwehrreaktion, seine Gruppe ahmt ihn nach.

Judika hebt als Anführerin die Fäuste und sagt: »*Tschong!*«
Ihre Gruppe spiegelt die Bewegung und wiederholt den Laut. Silvia, die Anführerin der Ge-gengruppe, hält schützend die Hände über sich und sagt: »*Nein!*« Die Gruppe folgt ihr. Schritt für Schritt mit Aktion um Aktion gehen die Gruppen aufeinander zu. Bis sie dicht voreinander stehen und nicht mehr weiter kommen. Die Anführer wechseln, jeder sollte einmal führen.
Variation 1:
Auf den Angriff erfolgt direkt der Gegenangriff oder die Gegenreaktion. Was verändert sich da im Spiel?
Variation 2:
Eine Gruppe besteht aus Mädchen, die Gegengruppe aus Jungen.

Gegenseitiges Beschimpfen
Wieder stehen sich zwei Gruppen gegenüber. Pro Gruppe sind es maximal sechs bis zehn Spieler. Jede Gruppe sammelt für sich, auf einem Papier gut lesbar notiert, sechs bis acht Schimpfwörter. Gruppe A formiert sich als Haufen, der kleinste steht vorne und hält das Blatt mit den Schimpfwörtern in der Hand. Gemeinsam wie eine Person und wie aus einem Munde lesen die Spieler das erste Schimpfwort: »*Depp!*« Gruppe B antwortet: »*Idiot!*« So geht der Einwort Dialog hin und her.
Wichtig dabei ist der Impuls für das gemeinsame Sprechen.
Variation:
Etwas Text wird hinzugefügt. Gruppe A: »*Du Depp!*« Gruppe B: »*Was, ich Depp, du Idiot!*«

Schimpfwörterstandbilder
Die ungewöhnlichsten, frechsten, aggressivsten Schimpfwörter werden als Standbilder von den beiden Gruppen gegenübergestellt und dabei laut ausgesprochen: Der »Saukopf« formiert sich gegenüber dem »Waschlappen«.
Ilia, 12 Jahre: »*Streit finde ich einfach darzustellen. Man kann sich laut anschreien, böse angucken, dadurch versteht das Publikum die Szene.*«

Wie-Streit-aussieht-Assoziationskette
Die Spieler assoziieren Worte, die ihnen spontan und schnell zu der Wortassoziation ihres Vorgängers einfallen. Die Spieler stehen im Kreis. Sie finden einen gemeinsamen Sprech- und Bewegungsrhythmus. Wie zum Beispiel: Einen Schritt zur Mitte machen, die Arme nach oben heben, und wenn die Arme oben sind, werden die Worte gesprochen.
Folgende Wortreihen könnten entstehen:
Streit – Blitz – böse Worte – Ärger – Wut – Bombe – Gewitter – dunkle Wolke – Gezänk – Knall – Wolf – Sturm – Hexe – Schläge.

Wie-Streit-aussieht-Standbilder
Die Spieler laufen kreuz und quer im Raum umher. Sie berühren sich nicht. Sie nutzen den ganzen Raum. Die Erzieherin bestimmt und variiert durch Vormachen und Mitmachen das Tempo. Sie ruft: »*Zu dritt im ›Streit‹ zusammengehen!*« Alle suchen sich ganz schnell die am nächsten stehenden Spieler und bilden eine Gruppe. Die Erzieherin benennt ein Stichwort aus der Assoziationskette: »Streit!« Die Spieler bauen ein Standbild zu diesem Thema.
Wieder wird die Gruppe neu durchmischt, alle laufen kreuz und quer. Die Erzieherin ruft «*Zu viert als Monster zusammengehengehen!*« Das neue Stichwort: »Gewitter!« Die Spieler bauen ein Standbild zum neuen Thema.

Streitstandbilder und -szene
In Dreiergruppen suchen die Spieler nach Streitsituationen und stellen diese als Standbild dar: Zwei streiten sich um einen. Alle wollen das gleiche haben. Zwei schließen einen einzelnen aus. Zwei lachen einen andern Spieler aus. Ausgehend von ihren Standbildern erfinden sie Szenen.

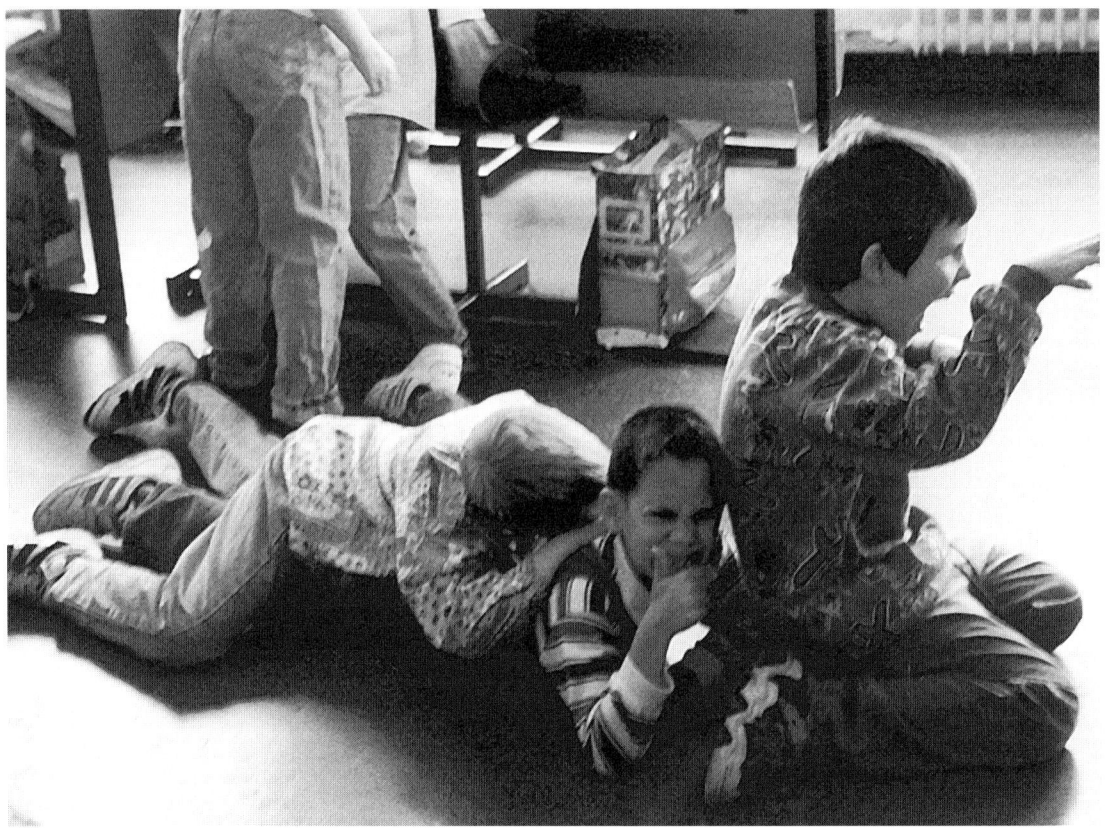

Variation 1:
Die Spieler betonen ein Gefühl, das sie in der Szene bewegt hat.
Variation 2:
Drei Entwicklungs- oder Steigerungsstufen des Streits werden durch kurzes Einfrieren hervorgehoben.
Variation 3:
Die Spieler stellen den gegensätzlichen Verlauf der Szene dar: Streit – Versöhnung/Streit – Einigung/Streit – Harmonie/Streit – Nachgeben/Streit – Liebsein.

Das Streitspiel

Zwei oder drei Spieler überlegen sich eine Streitsituation, bei der noch viele weitere Akteure dazukommen können. Sie gehen auf die Spielfläche und beginnen, ihre Streitsituation aufzubauen. Der Rest der Gruppe schaut zu. Sobald der zuschauende Spieler erfaßt hat, um was es geht und in welcher Rolle er sich einbringen kann, geht er auf die Spielfläche und spielt mit. Die Erzieherin kann bei den ersten Spielen auch zwei Spielern eine Idee zuflüstern.

– Streit auf dem Schulhof: Zwei Jungen stehen sich drohend gegenüber, sie streiten um einen Ball. Andere Schüler, Lehrer, Hausmeister, Direktor kommen dazu und spielen in der Szene mit.
– Streit im Kaufhaus: Zwei Käufer wollen dasselbe Kleidungsstück vom Wühltisch kaufen. Andere Käufer, Passanten, Verkäufer, Kaufhausdetektiv, Verwandte der Streitenden nehmen Partei oder greifen ein.
– Streit auf der Straße: Zwei Autofahrer sind mit ihren Autos aneinandergestoßen. Jeder gibt dem anderen die Schuld. Mitfahrer, Fußgänger, Autofahrer, Polizisten, Neugierige, Sanitäter nehmen Positionen ein und treten ins Spiel ein.

Forumspiel 1: Wie kann man in eine Situation oder in einen Streit eingreifen?

Eine Dreiergruppe zeigt der Gruppe ihre Streitszene. Wir nennen die Spieler A, B und C. A und B lachen C aus. A ist die aggressivste Person. Die Zuschauer sind ganz aufmerksam. Sie haben den Auftrag, genau zuzusehen. Außerdem sollen sie schauen, an welchem Punkt sie die Szene anhalten würden und etwas dazu ergänzen wollten. Durch Handheben machen sie sich bemerkbar. Die Szene kann ruhig zwei- oder dreimal ganz gleich wiederholt werden. Die Erzieherin stoppt den Spielverlauf durch ihren Zuruf, wenn ein Spieler seine Hand hebt. Oder falls anfangs keine Meldungen kommen, stoppt sie an einem bestimmten Punkt. Erzieherin: »*Was würdet ihr jetzt hier anstelle von B machen?*« Ein Spieler ersetzt B und verändert durch sein neues Spiel den Streit. Ebenso kann man Spieler A oder C austauschen. Oder Spieler D und E einführen.

Forumspiel 2: Wie kann man einen Streit verhindern, beenden oder verschlimmern?

Die Spieler überlegen gemeinsam mit der Erzieherin, wie man einen Streit beenden, verhindern, abschwächen oder vertagen kann. Die Gruppe sammelt Beiträge: sich austauschen, seine Gefühle zeigen, sich für andere einsetzen, jemandem helfen, sich in jemanden hineinversetzen, schlichten, einlenken, aussöhnen, diskutieren...

Variation 1:
Die Spieler überlegen gemeinsam mit der Erzieherin, wie man einen Streit vergrößern, verschlimmern, erweitern, anheizen kann.
Variation 2:
Die Spieler überlegen, wie man sich passiv oder neutral verhält und was das bewirkt.

Forumspiel: Wie beim Forumspiel 1 ergänzen die Zuschauer die Szene mit neuen Handlungen.
Variation 1:
Die Spieler probieren auch die konträren Wege aus. Welche Spielweisen heizen die Situation an?
Variation 2:
Was passiert, wenn neue Spieler sich passiv und gleichgültig verhalten?

Werkstatteinblick: Projekt »Streitwerkstatt«

Für den Einblick in die Werkstatt kombiniert die Erzieherin Übungen und Spielaufgaben, um die Atmosphäre der Konzentration und Präsentation zu kreieren. Der Höhepunkt dieser Werkstatt ist das Forumtheater. Die Anordnung der Übungen und Spielaufgabe ist als ein Vorschlag zu verstehen. Es wäre eine ganz andere Reihenfolge auch zum Schwerpunkt Gewalt machbar.

Sprechchor der Streitdefinitionen
Die Spieler stellen sich auf die Spielfläche und sprechen gemeinsam im Chor ihre eigene Sammlung von Streitdefinitionen: »*Streiten muß sein*« – »*alles nur nicht streiten*« – »*ich streite mich gerne*« – »*ich streite mich nicht gerne*« – »*ich wollt, ich könnte mich streiten*« – »*streiten ist blöd, häßlich, dumm, notwendig*« – »*streiten kann man lernen*« – »*willst du Streit?*«
Der Sprechchor kann alle Worte gemeinsam sprechen. Die Spieler können aber durch eine bestimmte Verteilung und Anordnung der Worte Akzente setzen. Einzelne Worte oder Sätze werden alleine, zu zweit, zu dritt gesprochen, andere von der ganzen Gruppe. Auch können verschiedene Gefühle den Worten unterlegt werden. »Streiten muß sein« wird zum einen aggressiv und zum anderen sehr traurig gesprochen.

Die Streitdefinitionen als Standbilder
Die Aussagen zum Thema Streit werden als Standbilder präsentiert. In Vierergruppen, in einer raschen Folge hintereinander. Die Sprecherin oder die Gruppe gibt die jeweilige Definition an.

Antäuschung
Die Spieler laufen kreuz und quer über die Bühne, sie täuschen Schritte und Begegnungen an. Bei einem gemeinsamen Stop finden kleine heftige Wortwechsel statt. Diese kleinen Streitereien werden parallel gesprochen, es ist wie ein Stimmengewirr: Eine Ansammlung von Beschimpfung, Ablehnung, Ausgrenzung, Aggression. Zur Entschlüsselung kann der Text auch noch mal paarweise und nacheinander gesprochen werden.

Angriff- und Abwehrspiel
Aus dem Laufchaos heraus finden sich die Spieler in zwei gegenüberliegende Reihen und beginnen mit dem Angriff- und Abwehrspiel. Die gegenüberstehenden Gruppen können auch eine bestimmte Gruppe sein: Mädchen und Jungen; zwei verschiedene Schulklassen, Sportmannschaften, Straßengangs.

Gegenseitiges Beschimpfen
Nach der körperlichen Darstellung formieren sich die Gruppen als Knoten gegenüberstehend und beginnen mit dem Spiel »gegenseitiges Beschimpfen«.

Wie-Streit-aussieht-Standbilder
Aus der Assoziationskette folgen in den Vierergruppen Standbilder: »Wie Streit aussieht!«

Kleine Spielszenen: Warum ich mich streite?
Im Anschluß daran stehen die Szenen, die zu dem Thema entwickelt wurden: »Warum streite ich mich?« Sie führen jetzt nach den einführenden Spielen und in der kreativen Atmosphäre auf das Forumtheater zum Thema »Streit« hin.

Forumtheater: Streit!

Für das Forumtheater in einem größeren Rahmen als der Spielgruppe, nur eben mit richtigem Publikum, muß die Gruppe von der Erzieherin gut vorbereitet sein und untereinander das Forumspiel mehrfach ausprobiert haben. Die Gruppe hat sich aus ihren vielen Spielaufgaben für einen »Streit« entschieden.

Die Spieler haben eine Rahmengeschichte und kleine Biographien für ihre Figuren erfunden, so daß der Streit in eine konkrete Situation mit Persönlichkeiten eingebettet ist. Die Szene muß auch nicht gleich mit dem Streit beginnen, sondern führt erst einmal auf den Spielort, das Thema und die Personen hin.

Die Szene kann von einem Erzähler strukturiert werden. Der Erzähler beginnt mit der Geschichte, stellt die Personen vor und kann auch die Situation in der Szene anhalten und unterbrechen.

Eine Spielgeschichte: Skateboard

Jonas geht jeden Tag mit seinem Skateboard zu einem Platz in der Stadt. Er ist eher schüchtern und noch kein erfahrener Skateboardfahrer. Auf dem Platz sind zwei Jungen, Moritz und Fabian. Sie üben hier immer und können es deshalb schon recht gut.

Aber da sind auch noch Nina und Isa mit ihren Rollerblades. Sie haben viel Spaß miteinander.

Moritz und Fabian reagieren abweisend, später sogar aggressiv und bedrohlich. Die Mädchen sagen einfach nur »Hallo« und halten sich raus.

Das ist der Anfang einer Spielgeschichte. Die fünf beteiligten Personen haben nun alle für sich viele Reaktionsweisen. Die Ausgangssituation besteht aus der negativen Reaktion von Moritz und Fabian auf das Hinzukommen von Jonas, dem passiven, gleichgültigen Verhalten der Mädchen Nina und Isa und dem Auftreten des ängstlichen, unsicheren Jonas.

Die Spieler suchen nach Identitäten der Figuren und machen sie greifbar. Wie lange kennen sich zum Beispiel Moritz und Fabian, wie dick ist ihre Freundschaft, was haben sie schon zusammen erlebt? Seit wann hat Jonas ein Skateboard, wo hat er schon geübt, warum kommt er alleine? Was machen Nina und Isa sonst noch so, in welche Klasse gehen sie?

Die Spielgeschichte wird einmal komplett, ohne anzuhalten, durchgespielt und so vorgeführt.

Die Positionen der Figuren und der Streitpunkt sind eindeutig. Allein beim ersten Zuschauen hat der Betrachter seine Sympathien und die Ideen für ein anderes Verhalten der Figuren. Der Erzähler hält die Geschichte beim zweiten Durchgang an und fordert die anderen Spieler und die Zuschauer auf, stellvertretend den Platz einzunehmen.

Es gibt sehr viele Varianten, hier ein paar Beispiele: Jonas kann ersetzt werden und viel mutiger, frecher und selbstbewußter sein. Moritz kann ersetzt werden und nicht eindeutig hinter Fabians ablehnendem Verhalten stehen. Ida kann ersetzt werden und neugierig auf Jonas zugehen. Durch das veränderte Verhalten einzelner Figuren kann sich die Spielsituation komplett verändern. Vielleicht bringen einige Spieler Verhaltensweisen, die die Situation noch verschärfen.

Pro Spieldurchgang wird nur eine Person ersetzt. In weiteren Spieldurchgängen werden mehrere Personen ersetzt. Die Zuschauer erfinden zu den Grundpersonen noch weitere Rollen, wie Passanten, die eingreifen, Eltern, die ihre Kinder abholen, ältere Geschwister, einen Freund von Jonas, der zufällig vorbeikommt. Im letzten Spieldurchgang werden alle Personen ersetzt.

Es ist natürlich nicht notwendig, daß Zuschauer mitspielen. Die Veränderungen können auch alle aus der Gruppe kommen. Das Spiel hat natürlich einen viel offeneren und spannenderen Rahmen, wenn Außenstehende mitmachen.

Siebentes Kapitel:
Abenteuer – Fantasie – Märchen

Kathie, 13 Jahre: »*Zwerge, Insel, Palmen, blaues Meer, Höhle, Schatz, Abenteuer, Feind, das Gute siegt.*«

Spielideen zum Thema »Abenteuer – Fantasie – Märchen«

Im Kreis: Abenteuer
Die Spieler stehen im Kreis mit dem Rücken zur Mitte. Die Erzieherin ruft ihnen ein Wort aus dem Bereich »Abenteuer«, »Fantasie« oder »Märchen« zu, wie zum Beispiel »Schwert!« Alle Spieler klatschen in die Hände, drehen sich zur Kreismitte und stellen einen Schwertkämpfer dar, der ein Schwert in Kampfstellung schwingt. Sie frieren ihre Bewegung als Standbild ein. Danach drehen sie sich wieder weg, und ein neues Wort wird ihnen zugerufen.

Variation 1:
Die Spieler rufen reihum ein Wort in den Kreis.
Variation 2:
Die Erzieherin nimmt zwei Spieler in ihrem Standbild in die Kreismitte und konfrontiert sie miteinander. Die Spieler bleiben in ihrer Standbildrolle und improvisieren damit.
Variation 3:
Ein oder zwei Spieler lösen sich aus dem Standbildkreis und bauen aus den anderen Standbildern ein großes gemeinsames Standbild.

Standbilder zum Thema »Abenteuer – Fantasie – Märchen«
Die Spieler gehen kreuz und quer im Raum umher. Beim Stop bilden sie eine Dreiergruppe und bauen das Standbild »Fantasie«. Die Spieler frieren ihr Standbild ein, und ein Fantasiestandbild nach dem anderen wird gelesen (vgl. Kap. Familie, S. 64). Ebenso werden die Themen »Abenteuer« und »Märchen« eingeführt.

Lebende Bilder zum Thema »Abenteuer – Fantasie – Märchen«

Die Spieler gehen kreuz und quer im Raum umher. Beim Stop bilden sie eine Dreiergruppe und bauen das lebende Bild »Fantasie«. Oft sind diese Gebilde offen, lustig und heiter.

Die lebenden Bilder sind ähnlich wie die Standbilder, mit dem Unterschied, daß sie in Bewegung bleiben oder sind. Zunächst stellen sie einfache Begriffe, wie Sonne, Drache, Zaun, dar. Ein Spieler löst sich aus der Gruppe und nimmt eine bestimmte Körperhaltung ein. Die restliche Gruppe ordnet sich zu. Die Spieler haben Körperkontakt, und sie übernehmen oder spiegeln die Körperstellung. Gemeinsam finden sie einen Schritt, eine Bewegung und Gesten.

Variation:
Das lebende Bild hat eine gemeinsame Stimme, die Spieler finden einen gemeinsamen Ton, ein Geräusch, Laute, Lautsprache.

Im Kreis: Gleichgewichtsübung

Die Spieler stehen im Kreis. Das Thema besteht darin, die Körperbalance zu finden und zu halten. Die Erzieherin beginnt damit, langsam in Zeitlupe ein Bein zu heben. Die Spieler spiegeln sie. Die Erzieherin geht mit Körper und Beinen zu allen möglichen Seiten und probiert aus, wie sie die Körperbalance halten kann. Reihum bestimmt ein Spieler nach dem anderen das Balancefinden und -halten.

Variation 1:
Die Spieler erfinden reihum ein Standbild, bei dem der Körper im Ungleichgewicht ist, sie geben ihrem Standbild ein Thema, wie Tänzerin, Flugzeug, Kämpfer, Reiterdenkmal.

Variation 2:
Die Spieler beziehen ihr Balancestandbild auf die Themen »Abenteuer«, »Fantasie« und »Märchen«. Das heißt, sie sind Fantasiegebilde, fantastische Elemente; sie sind Märchenfiguren, Märchensymbole.

Variation 3:
Die Spieler gehen als Paare zusammen und spiegeln ihre Bewegungen. Die Bewegungen sind immer im Ungleichgewicht.

Variation 4:
Die Spieler stellen ihre Balancestandbilder in der Dreier- oder Vierergruppe dar.

Gangarten der Abenteuer

Die Spieler gehen kreuz und quer im Raum umher. Beim Stop suchen sie sich eine Figur aus dem Bereich Abenteuer. Sie können Held, Feind, Element, Gefahr, Hindernis sein. Sie erfinden für ihre Figur eine Art zu gehen. Die Erzieherin läßt die Spieler einzeln ihre Gangarten vorspielen, währenddessen sitzen die anderen und schauen zu.

Variation 1:
Während des Vorspielens frieren die anderen Spieler ihre Figur ganz deutlich ein, und der Spieler mit seiner Gangart geht zwischen ihnen durch.

Variation 2:
Die anderen Spieler spiegeln den Vormacher.

Variation 3:
Die Spieler behalten die Gangart ihrer Figur bei und zeigen zusätzlich das Gefühl der Figur, das in der Gangweise auch seinen Ausdruck findet.

Variation 4:
Ein Spieler macht in seiner Figur seine Absichten mit überdeutlichem Ausdruck und Bewegung den anderen Spielern klar.

Variation 5:
Die Figur verwendet zu Ausdruck und Bewegung die Grommolo-/Nonsenssprache.

Variation 6:
Die Figur vermittelt den anderen Spielern mit Grommolosprache und Körperausdruck Anweisungen, und die Gruppe reagiert auf die Anweisungen.

Gangarten übergeben

Die Spieler stehen sich in zwei Reihen gegenüber. Ein Spieler beginnt mit der Gangart seiner Figur, er geht auf die gegenüberstehende Seite, sucht sich einen Spieler und gibt seine Gangart weiter. Der neue Spieler übernimmt die Gangart, der alte Spieler führt seine Gangart so lange aus, bis der neue sie genau nachahmen kann. Dieser geht damit und macht in einem langsamen Prozeß seine Gangart daraus. Auch er

sucht sich einen neuen Spieler. Alle Spieler kommen bei diesem Austausch von Gangarten mindestens einmal dran.
Variation 1:
Die Spieler entwickeln spontan aus den Impulsen der vorherigen Bewegungsfolge ihre Gangart.
Variation 2:
Die Spieler entwickeln ein Geräusch oder eine Grommolosprache und übergeben diese.
Variation 3:
Die Gangarten und Geräusche beziehen sich auf die Themen »Abenteuer«, »Fantasie«, »Märchen«.

Kontaktimprovisation

Augenkontakt
Die Spieler gehen kreuz und quer im Raum umher. Beim Stop suchen sie sich wieder einen Gegenüber. Sie schauen sich in die Augen und halten den Augenkontakt auch beim Weitergehen in verschiedenen Entfernungen und in allen möglichen Formen der Bewegungen. Sie gehen auf Zehenspitzen, sie kriechen, krabbeln, schlängeln sich... Der Augenkontakt sollte unbedingt beibehalten werden.
Variation 1:
Die Erzieherin ruft: »*Wechsel!*« Die Spieler wechseln mit den Augen zu einem neuen Gegenüber. Diese Wechsel können häufig sein und auch mal schnell aufeinander folgen. Die Spieler können auch mal weiter weg sein.
Variation 2:
Die Spieler haben eine Aufgabe, ein Gefühl oder eine Stimmung beim Augenkontakt. Die Erzieherin ruft die Aufgabe beim Spielen zu: Beobachten, »*geheimnisvoll*«, »*herausfordernd*«, »*neugierig*«, »*auf der Suche*«, »*gebannt*«, »*gefesselt*«, »*anmachend*«, »*belustigt*«, »*lockend*«...
Variation 3:
Die Spieler durchbrechen den Augenkontakt ganz bewußt, um dann wieder zusammenzufinden. Ein Spieler schaut einfach mal weg, zur Seite oder zum Boden.

Finger-an-Finger-Kontakt
Beim Stop suchen die Spieler sich wieder ein Gegenüber. Auf Anweisung der Erzieherin berühren sie sich leicht mit dem Finger. Finger an Finger führen sie sich gegenseitig umsichtig und geschickt durch den Raum. Die Finger haken sich nicht ein. Es ist kein Gezerre und Geschiebe. Die Spieler reagieren gegenseitig auf leichten Druck und führen sich sanft und einfühlsam.
Variation 1:
Die Erzieherin läßt zwei bis drei Paare, oder alle nacheinander vorführen, falls es nicht zu ermüdend ist. Durch den Vorführeffekt wird das Spiel theatraler und ausdrucksvoller.
Variation 2:
Themen wie »vorsichtig!«, »zu zweit«, »hier bin ich!«, »auf leisen Sohlen«, »Schweben«, »mit Elfenfüßen«, »es ist dunkel«, »über den Wolken«, »Tanz der Schmetterlinge«, »fliegende Blätter im Wind«, »Suchende im Nebel«, »Kraken unter Wasser«, geben den Bewegungen und dem Spiel neue Impulse und motivieren zu kleinen Spielgeschichten.
Variation 3:
Zwei Spieler zeigen ihr Spiel, und ein weiteres Paar versucht, das Spiel zu spiegeln.
Variation 4:
Die Spieler sprechen zu ihrem Thema.
Variation 5:
Die Spieler bauen Schwierigkeiten, Hindernisse ein.
Variation 6:
Die Erzieherin blendet Musik ein (Musikvorschlag: Kitaro, Deuter).
Wenn die Konzentration und Motivation der Gruppe ausreicht, kann die Übung in verschiedenen Kontaktstufen durchgeführt werden. Oder die Erzieherin greift die Variationen der Übung in den nächsten Proben auf.

Handrücken-an-Handrücken-Kontakt
Beim nächsten Kontakt bilden sich neue Paare. Falls die Spieler aber besonders gut oder gerne zusammen arbeiten, können die Paare durch alle Kontaktstufen bestehen bleiben. Die Berührung am Handrücken ist

viel schwieriger, als sich einfach nur die Hand zu geben. Die Spieler müssen stark aufeinander achten und ausprobieren, wer führt oder dominiert, wer nachgibt und folgt, ob da ein Wechsel ohne Worte nur mit Druck und Gegendruck stattfindet.
Im Spiel wechseln die Handflächen von der rechten zur linken Hand.

Variation 7:
Die Erzieherin gibt ein Signal für den Wechsel der Paare, und die Spieler berühren den neuen Partner, während sie den ersten noch an der Hand haben. Diese Wechsel können eng hintereinander stattfinden. Oder das Spiel besteht nur aus Wechseln.

Variation 8:
Die Spieler bilden Ketten mit vier bis fünf Teilnehmern und bewegen sich gemeinsam durch den Raum. Wie kann aus der Kette eine andere Formation entstehen? Die Spieler sind mindestens mit einer Hand verknüpft. Es entstehen Kreise, Sterne, Knoten, Zickzack, Wirrwarr...

Variation 9:
Die Spieler erhalten Aufgaben, wie »*Ihr zieht euch gegenseitig!*« »*Ihr werdet beide wie von einem Magnet angezogen, von einem Seil gezogen, plötzlich läßt der Zug nach, oder ist nicht mehr da.*« Das ist bei Handrücken-Kontakt viel schwerer glaubwürdig darzustellen, als bei einem echten Ziehen an der Hand. Die Körperspannung wird komplett aufgebaut, der Widerstand wird gespielt. Diese Aufgaben werden zu zweit und in der Fünfergruppe durchgeführt.

Unterarm-an-Unterarm-Kontakt
Wieder gelten die Regeln und Variationen von den bereits beschriebenen Kontaktübungen.
Variation 10:
Die Spieler erhalten Aufgaben, wie »*Ihr kämpft miteinander!*« »*Ihr legt dabei Wege zurück, und jeder geht zweimal zu Boden!*« »*Ihr wechselt die Arme, habt aber immer Kontakt mit einem Arm!*« Der Kampf ist im Fechtstil oder erinnert an Kung-Fu. Es ist eine Form von Bühnenkampf. Das heißt, die Kämpfenden tun

sich nicht weh, aber es kann für die Zuschauenden durch den Einsatz von Schmerzmimik und Angriffs- oder Wutgesicht sehr echt und gefährlich aussehen.

Schulter-an-Schulter-Kontakt
Die Körperkontaktfläche wird immer größer und die Bewegungen dementsprechend schwerfälliger, umständlicher und komischer.
Variation 11:
Die Spieler erhalten Aufgaben, wie »Ihr schiebt gemeinsam einen schweren Gegenstand!« »Ihr drückt eine verschlossene Tür ein!« »Ihr hebt einen sehr großen Gegenstand!« Die Aufgaben werden auch von den Fünfer- und Vierergruppen durchgeführt.

Rücken-an-Rücken-Kontakt
Variation 12:
Die Spieler erhalten Aufgaben, wie »Ihr seid Bären und reibt euch an einem Baumstamm!« ...

Po-an-Po-Kontakt
Variation 13:
Bei allen schweren Kontakten probieren die Spieler die Themen: »siamesische Zwillinge«, »aneinander gebunden, geschmiedet, gefesselt«, »rollende Steine«, »Baumstämme«.
Die Variationen 1 bis 13 werden bei allen Kontaktstufen probiert.

Gemischter Kontakt
Die Spieler erhalten die Aufgabe, die verschiedenen Kontaktstufen nacheinander anzuwenden und miteinander zu mischen. Der Augenkontakt wird auch eingebaut.

Improvisation: Die Ein-Wort-Geschichte
Die Spieler gehen als Paare zusammen und legen einen Arm um die Schultern ihres Partners. Sie erfinden die Ein-Wort-Geschichte. Jeder Spieler sagt abwechselnd ein Wort, und sie agieren auch zusammen. Jeder Spieler hat eine andere Fantasie und eine andere Satzergänzung im Kopf und stellt sich im Spiel auf die überraschende Wendung ein. Die Sätze ergeben einen Sinn. Am besten die Spieler haben ein Thema. Alle Themen der bereits vorgeschlagenen und noch kommenden Themen können die Spieler ausprobieren.

Spielaufgabe: »Begegnung mit ...« »Komm mit, ich zeige dir was!« »Komm mit, ich zeige dir ein Geheimnis.« »... oder etwas Gefährliches.« »... oder etwas Seltsames.«

Die Spieler begegnen etwas oder jemandem aus dem Abenteuer-, Fantasie- oder Märchenland. Sie arbeiten als Paare oder in Dreier- und Vierergruppen. Sie erhalten ausreichend Zeit, um die Improvisation vorzubereiten. Sie arbeiten selbständig an einem Thema ihrer Wahl und als Basis verwenden sie die Kontaktübungen. Sie wissen, wer sie sind, wo sie sind und was sie tun. Das, was sie sehen, ist imaginär.
– Die Spieler sehen etwas. Sie haben Schwierigkeiten oder ein Problem.
– Sie reagieren in mehreren Intensitätsstufen.
– Sie begegnen dem Etwas.
– Sie haben ein Erlebnis mit dem Etwas.

Variation 1:
Die Spieler wählen eine Kontaktstufe aus. Dieser Kontakt kommt mehrmals vor. Es muß immer logisch sein, wenn eine Berührung stattfindet. Zum Beispiel Rücken an Rücken passiert, weil die Spieler im Dunkeln rückwärts gehen und aufeinander stoßen. Finger an Finger, sie zeigen auf einen Zwerg oder auf eine Fee und berühren sich dabei zufällig.

Variation 2:
Die Spieler bauen in ihre Szene mehrere Kontaktstufen sinnvoll ein.

Variation 3:
Die Spieler bauen jede Art von körperlichem Kontakt bzw. Berührung in ihre Szene ein.

Variation 4:
Die Spieler setzen mindestens fünf körperliche Berührungen in ihrer Szene ein.

Variation 5:
Die Spieler sprechen bei ihrer Szene.

Kontakt und Sprache

Die Spieler beziehen sich auf das Thema »Begegnung – Kennenlernen – Freundschaft«. Wieder wissen sie, wer sie sind, an welchem Ort sie sich befinden und was sie tun. Wenn die Spieler einen neuen Satz oder einen neuen Gedanken einführen, müssen sie dabei ihren Partner berühren. Wenn sie nicht miteinander sprechen, können sie wortlos handeln oder Spannung aufbauen.
Florian: »Komm mit mir.« (Florian faßt Felix am

Arm.) Felix: »*Was hast du vor?*« (Felix legt den Arm um Florians Schulter.) Florian: »*Ich habe etwas entdeckt.*« (Florian berührt mit der Hand das Ohr von Felix und flüstert.) Felix: »*Vorsicht! Hörst du das?*« (Felix zieht Florian an der Hand zurück.)

Spielaufgabe: Etwas sehen – etwas entdecken
Die Spieler gehen kreuz und quer im Raum umher. Bei »stop« bleiben die Spieler auf einer Stelle stehen und entdecken etwas. Die Erzieherin motiviert und gibt bei den Stops immer neue Ideen: etwas Schreckliches, etwas Fremdes, etwas Gruseliges, etwas Zartes, etwas Ekliges, etwas Kleines, etwas Riesiges, etwas Liebliches, etwas Bedrohliches, etwas Gefährliches, etwas Schönes... Die Spieler zeigen das, was sie sehen, mit den Augen, mit dem Gesicht, mit den Händen, mit den Armen, mit dem Rücken, mit dem Körper.
Variation 1:
Die Erzieherin läßt die Spieler nacheinander jedes Etwas mit den verschiedenen Körperteilen sehen.
Variation 2:
Bei jedem Körperteil vergrößern die Spieler ihre Reaktion. Sie blasen den Blick, die Gesten, den Körperausdruck auf. Dann zeigen sie die Reaktion mit dem gleichen Körperteil, aber ganz klein und mit der gleichen Spannung.
Variation 3:
Die Spieler umfassen, betasten, berühren das imaginäre Etwas mit den Händen.
Variation 4:
Nach dem Anfassen bekommen sie Angst oder einen Schreck, oder sie sind entzückt und aufgeregt, lassen abrupt los und rennen weg. Einfrieren. Die Erzieherin läßt die Spieler immer einmal zwischendrin etwas vormachen.
Variation 5:
Die Spieler reagieren in Dreier- und Vierergruppen auf etwas... Sie haben Körperkontakt, sie haben keinen Körperkontakt. Alle Variationen, die sie alleine hatten, werden mit der Gruppe ausprobiert.
Variation 6:
Die gesamte Gruppe reagiert gemeinsam auf das Etwas. Das Etwas ist inmitten der Gruppe. Es existiert vor, hinter, neben den Spielern einer Gruppe.
Variation 7:
Die Spieler erfinden in einer Dreier- oder Vierergruppe eine Szene, in der eine Gruppe von Menschen etwas entdeckt. Die Entdeckung hat eine Auswirkung auf sie, sofort oder etwas später.

Spielaufgabe: Gefahren – Hindernisse
Die Spieler überlegen sich in einer Dreier- oder Vierergruppe Gefahren und Hindernisse, die sie bei ihrem Abenteuer (Fantasiegeschichte oder Märchen) erleben könnten. Diese Gefahren und Hindernisse können in Form von Naturereignissen, Zauber, Fabelwesen, Menschen oder Maschinen erscheinen. Die Begriffe stellen sie in lebenden Bildern dar: Geist, Fluß, Sumpf, Ritter, Gewitter, Wald, Brücke, bissiger Hund, Höhle. Um die Eindrücke intensiver zu machen, empfiehlt sich der Einsatz von Musik oder Geräuschen/Lauten.
Variation:
Die eine Gruppe spielt die lebenden Bilder, die Partnergruppe spielt die Entdecker.

Spielaufgabe: Sich wandelnde Gefahren
Die Spielergruppe stellt sich vor, daß sie ihre Gestalt immer verändern kann. Sie sind aus einer Zaubermasse und können ihre Form, ihre Gefühle, ihren Ausdruck gemeinsam fließend wechseln, so werden sie zum Beispiel zu einer Maschine und danach zum Wirbelwind, zum Tiger und dann zum Sumpf. Ein Spieler schlägt aus der Gruppe im Spiel heraus eine sich wandelnde Gefahr vor und nimmt eine bestimmte Körperhaltung ein. Die restliche Gruppe ordnet sich zu. Die Spieler haben Körperkontakt, und sie übernehmen oder spiegeln die Körperstellung. Gemeinsam finden sie einen Schritt, eine Bewegung und Gesten.
Variation 1:
Die sich wandelnde Gefahr tritt in zwei Gruppen gegeneinander an. Welche momentane Verwandlung kann die andere besiegen, und wie reagiert die Gegengruppe darauf?
Variation 2:
Die Gruppe überlegt sich vorher die Reihenfolge.

Variation 3:
Die Gruppe reagiert spontan auf die angebotene Gefahr der Gegengruppe.
Variation 4:
Die besiegten Gruppen scheiden aus. Wer ist beim Schlußduell dabei?
Variation 5:
Die Spieler nehmen Laute und Geräusche mit dazu.
Variation 6:
Die sich wandelnde Gefahr steht einem Helden gegenüber. Der Held hat besondere Tricks oder Fähigkeiten und kann den sich wandelnden Gefahren begegnen oder widerstehen.
Variation 7:
Die Spieler achten bei der Umsetzung ihrer sich wandelnden Gefahren darauf, daß der Körper sich im Ungleichgewicht befindet.
Variation 8:
Die sich wandelnden Gefahren haben Körperkontakt.

Spielaufgabe: Ein Abenteuerspaziergang
Die Spieler entscheiden sich in ihrer Gruppe für eine komplette Folge von Hindernissen, Gefahren. Die Gruppe kann ruhig sechs bis acht Spieler beinhalten, damit sich viele Untergruppen bilden können, die die Gefahren und Hindernisse spielen.
Variation 1:
Die Entdecker der Gefahren sind zwei oder drei Personen oder nur einer allein.
Variation 2:
Die Entdecker der Gefahren verhalten sich wie Helden.
Variation 3:
Die Elemente der Hindernisse, Gefahren und die Helden kommen aus dem Märchen, der Fantasiegeschichte, der...

Spielaufgabe: Das unsichtbare Band

Die Spieler gehen kreuz und quer im Raum. Beim Stop suchen sie sich einen Partner und bauen das Standbild »Verbundensein«. Sie suchen eine Möglichkeit, sich miteinander zu bewegen und gehen im Raum. Sie halten dabei ihre Verbindung. Danach lösen die Spieler ihre körperliche Verbindung und bewegen sich im Raum. Sie stellen sich vor, daß sie mit einem elastischen Band miteinander verbunden sind und daß sie mit ihren Bewegungen sich gegenseitig beeinflussen.

Variation 1:
Die beiden Spieler entwickeln einen Fantasiespaziergang, sie erleben gemeinsam eine Folge von imaginären Hindernissen und Gefahren. Sie sind dabei mit ihrem unsichtbaren Band verbunden.

Variation 2:
Die beiden Spieler begegnen den Hindernissen und Gefahren, und sie sind auch mit diesen durch ein imaginäres Band verbunden.

Spielaufgabe: Der Stab

Statt des elastischen Bandes stellen sich die Spieler einen festen Stab von gleichbleibender Länge vor.

Das Wann und Wo der Abenteuergeschichte

Die Spieler sammeln Orte und Zeiten ihrer Geschichte: Vergangenheit, Steinzeit, Altertum, Mittelalter, Gegenwart, in naher oder ferner Zukunft..., auf der Erde, auf einem anderen Planeten, im Weltall, in der Realität, in der Fantasie, in einem bestimmten Land, im Meer, auf einer Insel, in einer Stadt, unter der Erde, in der Wüste, im Urwald...

Die Spieler bilden Vierer- oder Fünfergruppen, sie überlegen sich eine Aktion oder Bewegung, um das Wann und Wo zu kennzeichnen. Die anderen Gruppen raten.

Variation 1:
Die Gruppen spielen eine Szene, um das Wann und Wo sichtbar zu machen.

Die anderen Spielergruppen raten.

Variation 2:
Das Wann und Wo wechseln innerhalb der Szene. Die Spieler finden dafür logische Übergänge.

Improvisation: Schreibmaschinengeschichte
Die Spieler sitzen auf der Spielfläche. Ein freiwilliger Spieler meldet sich für die Schreibmaschinengeschichte. Er sitzt an der Seite, dem Publikum zugewandt und tippt in seine imaginäre Schreibmaschine. Die Zuschauer bestimmen mit der Erzieherin und dem Spieler an der Schreibmaschine die Art der Geschichte. Sie wählen aus zwischen: Märchen, Fantasiegeschichte, Abenteuergeschichte, Science-fiction, Fantasie-Roman, Rittergeschichte. Der Spieler hat die Anweisung, in seinem Genre zu bleiben und nicht zu viele Personen in die Geschichte einzubauen. Die Personen, die er in seine Geschichte einbaut, werden benannt und aus den Spielern ausgewählt. Die Personen dürfen ihre wörtliche Rede selbst bestimmen. Beispiel für Science-fiction:

Spieler: »*Der Himmel strahlte und Su-Peng – Du!*« (Der Spieler zeigt auf Anna, sie kommt sofort auf die Spielfläche) »*nahm ihr Meßgerät. Es schlug heftig aus. Zielstrebig ging sie zu ihrem Raumschiff und meldete an die Zentrale.*« Su-Peng: »*Hohe Strahlenwerte auf Planet Mikro-Ko, Su-Peng. Over!*« »*IhrBordroboter Fred 1003 – Du!*« (Der Spieler zeigt auf Maik, er kommt sofort auf die Spielfläche) »*wackelte mit dem Kopf. Er klapperte auf sie zu, nahm Su-Peng an die Hand, zog sie wieder nach draußen. Su-Peng schaltete sein Sprechwerkzeug an.*« Fred 1003: »*Kaaaa fusiii matrepi!*« usw.

Stichworte zum Thema »Abenteuer – Fantasie – Märchen«
Ilia, 12 Jahre: »*Verstoßen, läuft weg, Liebe, Tod, Trauer, Tiere, Eltern, Ratschlag, Fehler.*«
Lotte, 14 Jahre: »*Mädchen oder Junge, arm, betteln, besondere Gabe, wie z.B. Singen, Träume, Chance, Erfolg, Zufriedenheit.*«
Elsa, 13 Jahre: »*Geheimnis, Verwechslung, magische Gegenstände, Eifersucht, Tod, Wiederauferstehen, verzaubertes Schloß, Zauberer, Hexe, glückliches Ende.*«
Nina, 14 Jahre: »*Arme Frau, besorgter Mann, König, zu gierig, Hölle, Reichtum für Mut, geruhsames Leben.*«
Benjamin, 15 Jahre: »*Das Gute siegt, Tapferkeit, Liebe, Eifersucht, Verzweiflung, Glück, Mutter, Fest, Sorge, List.*«
Eva, 13 Jahre: »*Tiere, böse Monster, tapfere Mädchen, ein hübscher Prinz, Schloß, wilde Gebirgsschluchten, Nacht, Furcht, Glück, Reichtum.*«
Marie, 15 Jahre: »*Streit, Einsamkeit, Kälte, Ungerechtigkeit, Rettung aus der Ungerechtigkeit, Liebe, Mord, Tod, vollkommenes Glück.*«

Stichwortszenen
Die Spieler sammeln in Fünfer- oder Sechsergruppen Stichworte für ihre Abenteuer-, Fantasie- oder Märchengeschichte. Diese Stichpunkte sind das Basismaterial für die szenische Arbeit.

Standbilder
Die Spieler stellen alle Stichworte als Standbilder in der Gruppe gemeinsam dar.

Lebende Bilder
Die Spieler stellen die Begriffe als lebende Bilder dar.

Tableau bauen
Die Spieler bauen mit allen Stichworten ein gemeinsames Tableau. Nach und nach gehen die Spieler auf die Spielfläche, sie sagen, wen oder was sie darstellen und intensivieren durch Körperausdruck.
Variation:
Zu den einzelnen Stichworten wird ein Tableau gebaut. Die Spieler ergänzen die Figur mit Gefühlen, Eigenschaften, Interessen, Absichten usw. (vgl. Kap. Identität, S. 17).

Gefahren
Die Spieler überlegen sich Gefahren und Hindernisse, die zu ihrer Stichpunktgeschichte passen oder die sie bei ihrem Abenteuer erleben. Sie stellen die Gefahren als lebende Bilder dar.
Variation:
Die Gefahren sind imaginär. Sie werden durch die Reaktionen und Gefühle der Spieler deutlich.

Wer ist der Sympathieträger?
Die Spieler entscheiden sich für ein oder zwei Personen, Tiere, Wesen, die durch die Handlung führen und mit deren Augen und Gefühlen die Zuschauer die Geschichte erleben.

Abenteuerspaziergang
Die Spieler verbinden alle ihre Stichpunkte zu einem Spaziergang. Ein oder mehrere Stichpunkte bilden eine Station des Geschehens. Die Spieler entscheiden sich für einen oder mehrere Sympathieträger, die das ganze Abenteuer durchlaufen.

Welcher ist der Hauptkonflikt?
Die Spieler entscheiden sich für ein oder zwei Hauptkonflikte. Wer muß den Konflikt bewältigen? Wer löst den Konflikt aus? Woraus besteht der Konflikt? Dazu bauen sie ein Konfliktstandbild.
Im zweiten Schritt entwickeln sie eine Szene zu ihrem Konflikt. Sie suchen nach verschiedenen Intensitätsstufen des Konfliktes. Ausgangssituation, wie sich der Konflikt anbahnt, der Konflikt bricht aus, der Konflikt auf dem Höhepunkt, der Konflikt in der Auflösung.

Macht der Sympathieträger eine Entwicklung durch oder eine Veränderung?
Die Spieler überlegen sich eine Veränderung oder einen Entwicklungsverlauf für ihre Sympathieträger. Verändern sie sich auf der Gefühlsebene oder auf der intellektuellen Ebene?
Wie kann man diese Veränderung szenisch sichtbar machen?
Die Spieler überlegen sich eine Szene, die eine solche Veränderung auslöst, eine Szene, die eine Veränderung anzeigt, eine Szene in der der Sympathieträger verändert ist.

Wer oder was verändert den Sympathieträger? Wer stellt sich dem Sympathieträger in den Weg?
Die Spieler überlegen sich Aufgaben, Herausforderungen, Gegenüberstellungen, Gefühle, Feinde, Freunde, Gefahren, Hindernisse, die eine Veränderung bewirken. Sie spielen eine Szene, in der der Sympathieträger mit diesen konfrontiert wird.

Welche Aufgaben muß der Sympathieträger erledigen?
Die Spieler überlegen sich mehrere und ganz verschiedene Aufgaben, die der Sympathieträger zu lösen hat und erfinden dazu Szenen.

Abenteuergeschichte
Die Spieler setzen sich durch die Fragen nach den Rollen, den Ereignissen und den Konflikten mit den einzelnen Aspekten der Abenteuergeschichte auseinander.
Sie versuchen nun, einen roten Faden für ihren Szenenverlauf zu finden.

Literatur

BOAL, Augusto: Theater der Unterdrückten. Übungen für Schauspieler und Nicht-Schauspieler. Frankfurt/Main, 1989

JOHNSTONE, Keith: Improvisation und Theater. Berlin, 1993

JOHNSTONE, Keith: Theaterspiele. Berlin, 1999

SPOLIN, Viola: Improvisationstechniken für Pädagogik, Therapie und Theater. Paderborn 1983

Fotos

Markus HINTZEN, Uli SEVERIN, Stephanie VORTISCH, Anne KRIER

Titel: Uli SEVERIN

Die Autorin

Stephanie VORTISCH (*1955) lebt mit ihren beiden Töchtern und ihrem Mann in Frankfurt am Main. Seit zwanzig Jahren unterrichtet sie Theaterspiel für Kinder und Jugendliche. Sie studierte in Marburg Pädagogik und europäische Ethnologie und hatte einen Lehrauftrag für Theaterpädagogik an der Philipps-Universität Marburg. Zudem hat sie »Theaterspiel in der Schule« innerhalb der Lehrerfortbildung erteilt und zahlreiche Schultheaterprojekte durchgeführt. Ein weiterer Bereich waren Projekte an Kindergärten und ihre Tätigkeit in der Erzieherfortbildung. Ihre Theaterausbildung erhielt sie in Italien, am Teatro Potlach und u.a. beim Odin Teatret und von GROTOWSKI-Schülern. Ihr Ausbildungsschwerpunkt war das Bewegungs- und Improvisationstheater. Im Moment tourt sie in Kulturzentren, Bibliotheken und in Buchhandlungen mit ihrem Ensemble Liora HILB/Stephanie VORTISCH mit einem Bilderbuchtheater, einem Kinderkrimi, einem Stück über Liebe und orientalischen Märchen für Erwachsene.

Publikationen:

Drachen gibt's hier nicht. 150 Kinder spielen die Geschichte ihrer Stadt, ein Praxishandbuch, Verlag Puppen und Masken 1987

Saure Zeiten. Viel Theater mit der Umwelt. Ökotopia Verlag 1989

Theater mit der Umwelt? Umwelterziehung durch Theater an Schulen! Ein Projekt des Landkreises Marburg-Biedenkopf, Marburg, 1990

Spielend die Umwelt entdecken. Handbuch zur Umweltbildung, Wessel/Gesing (Hrsg.)
Beitrag: Theater mit der Umwelt, Luchterhand 1995

Information: Stephanie VORTISCH, Gartenstraße 4, 60594 Frankfurt a. M. Tel. 0 69/9 62 21 40
Email: Steph.Vortisch@t-online.de